DUMONT

»Katja Lewinas abschließende Botschaft: Stellt euch den Geistern der Vergangenheit, sprecht über frühere Verletzungen und lernt daraus fürs Leben.« DIE WELT

Mit 16 war Johnny der Eine: Iro, Kippe im Mundwinkel und ein Musikgeschmack wie ein junger Gott. Mit ihm lernte Katja, einen Plattenspieler zu bedienen und einen Penis gleich dazu. Natürlich brannte sie mit ihm durch, doch zwei Jahre später war es aus. Nach 20 Jahren Funkstille sehen Katja und Johnny sich wieder und sprechen über früher. Katja hat inzwischen eine Familie und dennoch wieder mal Liebeskummer. Bei nahezu jeder Beziehung hat sie von Neuem geglaubt: Das ist sie, die große Liebe – bis sie zerbrach.

Katja Lewina trifft in ›Ex‹ die zehn wichtigsten Männer ihres Lebens, wühlt mit ihnen in alten Erinnerungen und entdeckt psychologische Muster, die viel mit ihr selbst, aber auch mit unserer Gesellschaft zu tun haben.

Katja Lewina

Ex

DUMONT

Ja. Das ist alles passiert.
Nur vielleicht ein kleines bisschen anders.

Inhalt

Im Voraus

Die Liebe, ach, diese Liebe. »Das hier ist etwas ganz Großes!«, denken wir jedes Mal aufs Neue, um doch nur wieder vor den Trümmern unserer Erwartungen zu stehen und um die Vergangenheit zu flennen. Ganz gleich, ob die Idee von einem »Wir« nur ein paar Wochen oder viele Jahre währte – wir haben es nicht geschafft, mal wieder. Ob wir selbst gehen oder verlassen werden, ist dabei schon fast egal, denn das Gefühl, versagt zu haben, teilen wir alle. Wir haben es nicht geschafft, beieinanderzubleiben. Nicht geschafft, unsere Liebe zu retten. Vielleicht nicht einmal, sie zuzulassen.

Was zur Hölle machen wir falsch? Sind wir zu verwöhnt, zu selbstsüchtig? Verweigern wir uns dem Glück durch unbewusste Sabotage? Suchen wir an der falschen Stelle? Sind unsere Projektionen schuld? Unrealistische Ideale? Und so gehen wir davon, ratlos in den allermeisten Fällen, murmeln was von »Hat eben nicht gepasst«, um uns bald darauf in das nächste Abenteuer zu stürzen, in etwas, das ganz sicher etwas Großes wird. Diesmal aber wirklich.

»Serielle Monogamie« nennen wir dieses Spiel und leben mit der Suche nach der einen, endlich glücklich machenden Beziehung nichts weniger als die Liebesform unserer Zeit. Noch in der Generation unserer Großeltern wurden Ehen auf Lebenszeit geschlossen. Heute hält eine Beziehung genau so lange, wie wir Bock auf sie haben. »Dass Beziehungen an irgendeinem Punkt abgebrochen werden, ist zu einem ihrer alltäglichen Merkmale geworden, und zwar in einem solchen Maße, dass viele, wenn nicht die meisten Beziehungen eine intrinsische Vorwegnahme ihres Endes beinhalten«, schreibt die Soziologin Eva Illouz in *Warum Liebe endet*. Wir sind damit so frei wie nie zuvor, aber gleichzeitig auch ebenso hilflos. Die Sehnsucht, bei einem Menschen anzukommen und zu bleiben, lässt uns nicht los, im Gegenteil: Je unmöglicher uns das Erreichen einer dauerhaften Liebe erscheint, desto stärker idealisieren wir sie. Ein:e Partner:in soll uns bitte alles sein: Muse, Sexgött:in, Mutter, Vater, Kind und Haustier, Partner:in in Crime und Gute-Laune-Maschine in einem, und wenn eins davon nicht hinhaut, dann war er:sie es eben nicht. Und so stürzen wir uns kopflos in Beziehung um Beziehung, produzieren wir Ex um Ex um Ex. Und für Frauen gilt das sogar noch mehr als für Männer. Denn was sind wir schon im Patriarchat ohne die Liebe eines Mannes?

Wir braven kleinen Abkömmlinge des Liberalismus bilden uns ein, eine echte Wahl zu haben, wir leben in dem sicheren Gefühl, dass dort draußen immer noch etwas Besseres auf uns wartet, etwas, das uns auf ewig glücklich machen wird. Doch das ist eine Lüge. Selbst Princess Charming wird uns irgendwann zum Hals raushängen, wenn wir in unserem Inneren der gleiche Lump bleiben, der wir schon immer waren. Denn die Fähigkeit, Liebesbeziehungen zu führen, fängt bei uns selbst an. Wir alle schleppen Beschädigungen aus Kindheit und Jugend mit uns rum, die uns das Beziehungsleben schwer machen. Wenn wir derer nicht gewahr sind, dann gute Nacht.

Das hier ist kein Plädoyer fürs Bleiben, kein Anprangern von Trennungswilligkeit. Natürlich gibt es Verbindungen, in denen es sich zu gehen lohnt, und vermutlich sind das sogar ziemlich viele. Es gibt nur einen Fehler, der uns immer wieder unterläuft (und glaubt mir, gäbe es Meister:innenschaften darin, ich würde sie alle gewinnen): Wir lernen nicht. Wir gehen weiter, manchmal sogar leichten Herzens, aber wir lernen nicht. Halten uns an Ausreden und Beschwichtigungsformeln fest, die so bequem erscheinen, dass wir nichts anderes gelten lassen als: »An mir lag's nicht, der:die andere ist's gewesen.« Dabei liegt alles immer auch an uns. Das ist der widerwärtige Part, an den wir uns trauen müssen, wollen wir irgendwann in der Lage sein, eine Beziehung zu führen, die zu uns passt. Wir sind es gewöhnt, sprachlos auseinanderzugehen, unseren Groll mitzunehmen und höchstens mit Außenstehenden unsere Version des Geschehenen zu besprechen, und lassen uns dabei auch mal uneingeschränkt recht geben. Wir wollen nicht hören, was unser:e Ex zu sagen hat, denn »Was vorbei ist, ist vorbei«. Welch Frevel! Denn auch wenn das mit der Liebe nicht hingehauen hat zwischen zweien, dann können sie einander immer noch gute Lehrer:innen sein, ja, mit ein bisschen Glück sogar die besten. Vielleicht war es unmöglich, mit dem Typ unter einem Dach zusammenzuleben, aber vielleicht grenzt unser Pedantismus wirklich an eine Zwangsstörung. Vielleicht war der Sex grottig, aber vielleicht sind wir auch wirklich ein sexistisches Arschloch. Worauf ich hinauswill: In den meisten Punkten, über die wir gestritten haben, liegt auch ein Funken Wahrheit. Und wir sollten sie zulassen und sie uns anschauen, statt sie reflexhaft von uns zu weisen. Stehen wir zu unserer Mangelhaftigkeit, und lassen wir unser Gegenüber ebenso zu seiner:ihrer stehen! Es hat eben nicht gepasst. Statt uns deswegen gegenseitig zu zürnen, können wir uns darin ebenso umarmen. Jede Beziehung, mag sie noch so kurz, so erfolglos, noch so enttäuschend sein, lehrt uns etwas über die Liebe, über die Menschen, über uns selbst. Jede Beziehung bedeutet Entwicklung. Oder, wie Paartherapeutin Katherine Woodward Thomas in *Lass uns in Frieden auseinandergehen: Wenn die Liebe endet … Die 5 Schritte des ›Conscious Uncoupling‹* schreibt: »Statt unsere Beziehungen weiterhin anhand ihrer Dauer zu beurteilen, sollten wir schleunigst anfangen, uns Fragen zu stellen wie ›Was habe ich daraus gelernt?‹ und ›Was kann ich künftig besser machen?‹.«

Vielleicht braucht es gar nicht die eine große Liebe. Vielleicht reichen viele kleine, die uns auf unserem Weg begleiten, Stück um Stück. Und vielleicht gelingt es uns am Ende ja doch noch, bei jemandem zu bleiben. Nicht aus Verzweiflung, nicht aus Bedürftigkeit heraus, sondern weil wir von und mit all unseren Ex genug gelernt haben, um uns selbst gut genug zu kennen und das Zusammensein von ganzem Herzen zu wollen.

Und genau deshalb fasste ich letztes Jahr einen Plan. Ich würde mit all meinen Ex-Männern – Freunden, Fast-Freunden, Affären – Kontakt aufnehmen, und zwar in der exakten Kaputtness-Chronologie meiner Beziehungen. Und dann würde ich sie treffen, also, falls sie mich nicht noch immer hassten (nicht ganz auszuschließen bei dem einen oder anderen), und mit ihnen in unserer gemeinsamen Vergangenheit wühlen. Ich würde sie all das fragen, was ich sie schon immer mal fragen wollte.

Was würden sie erzählen? Haben wir die gleiche Version unserer Geschichte erlebt? Gibt es so etwas wie Schuld? Suche ich mir immer die Falschen aus oder ist die Liebe tatsächlich unvorhersehbar? Tanze ich seit zwei Jahrzehnten die immer gleiche Choreografie oder hat sich etwas verändert? Was haben wir aus der Sache gelernt? Und (aufregend!) kann ich meine damalige Wahl noch immer nachvollziehen? Dass ich mich inmitten dieses Experiments gleich noch mal bis zum Anschlag verknallen würde, ahnte ich in diesem Moment zwar noch nicht. Aber ich sag es mal so: Wenn es um Nervenaufreibungen geht, war ich noch nie verlegen. Und so sind das hier, wenn man es genau betrachtet, zwei Geschichten geworden – eine über das Damals und eine über das Heute.

Also. Dann lasst uns mal ein bisschen im Dreck wühlen. Oder genauer gesagt: in meinem eigenen. Meine cis hetero Beziehungshistorie und -gegenwart mag vielleicht ein wenig verworren erscheinen, doch damit unterscheide ich mich vermutlich von den wenigsten Menschen dort draußen, egal welchen Geschlechts oder welcher sexuellen Orientierung, die im Gegensatz zu mir vielleicht gelernt haben, persönliche Niederlagen und emotionale Schwächen als Privatsache zu behandeln.

Ich würde sagen: Ich haue einfach mal alles raus.

Paolo ist wieder da. Ich habe ihm geschrieben – also nicht, weil ich da schon an der Ex-Sache dran gewesen wäre, sondern vorher, als es gerade ganz arg bei mir war. Und er war sofort wieder am Start. Unser letzter Kontakt lag Jahre zurück, weiß der Teufel, warum ich ihn in meinem Adressbuch suchte. Es gab da Bessere als ihn. Zugewandtere. Aktuellere. Männer, mit denen der Sex schöner war (und ehrlich, das war keine Kunst). Überhaupt welche, von denen ich mir mehr hätte versprechen können. Aber ich schrieb ihm. Wie es denn so laufe, wollte ich wissen. Erinnerte mich dunkel an eine Verliebtheit, von der er mir erzählt hatte. Eine Russin, wunderschön.

[**09.06., 11:15**] **Ich:** Und, wie ist es ausgegangen?

Ich sitze auf dem Klo, als seine Antwort kommt. Handy in der Hand, klar.

[**09.06., 12:17**] **Paolo:** Na, wirst du von Zeit zu Zeit melancholisch mit deiner kleinen Flimmerkiste, dass du an mich denkst?

Heutzutage gibt es ja keine Überraschungen mehr. Mein Herz ist krank, jede:r, der:die es wissen will, kann es nachlesen, Social Media sei Dank. Lebenserwartung ungewiss, kann morgen tot sein oder in dreißig Jahren. Doch, das ändert schon was in mir. Aber dass ich deswegen melancholisch werde? Schwermut ist mir ja so gar nicht zu eigen. Nein, vermutlich denke ich an ihn, weil er für eine andere Zeit steht. Für eine Zeit, in der Tod und Gebrechen noch keine Rolle spielten, in der mein Körper unversehrt und kein Defibrillator unter meiner Haut verbaut worden war. Für eine Zeit, in der ich dachte, mir gehört die Welt. Mit ihm dachte ich das vor allem. Jedes Mal, wenn wir in diesen sechzehn Jahren, die wir uns kennen, aufeinandertrafen, war ich sicher: Hier passiert was Phantastisches. Um gleich darauf aufs Maul zu kriegen, von Paolo, von mir selbst, vom Leben, wer weiß das schon so genau. Es gibt diese Begegnungen, die wieder und wieder enttäuschen, aber so ganz los lässt man sie trotzdem nicht. Er ist meine solche Begegnung.

Ich schreib ihm das, während ich mich entleere. Wie viele Nachrichten werden wohl in derart unappetitlichen Situationen verfasst? Wer nutzt kein Whatsapp auf dem Klo? Also Paolo sicher nicht. Ich stelle mir ihn vor, wie er an seinem Küchenfenster steht, auf die Straße rausblickt, neben sich eine Tasse Siebträgermaschinen-Kaffee auf der sauber gewischten Arbeitsplatte. So beantwortet er seine Nachrichten. Nicht in so einem fensterlosen Bad, in dem ich gerade hocke. Neben mir kriecht Schimmel die Kacheln hoch; die Lüftung ist reine Dekoration, hat der Schornsteinfeger gesagt, und unsere Vermieterin stellt sich ahnungslos. Aber: Man gewöhnt sich ja an alles.

Ich hole richtig aus, erzähle alles. Oder zumindest so viel, wie in eine Nachricht passt. Denn mein Herz quält sich nicht nur im physischen Sinne. Zu meinen Füßen die Trümmer einer mehrjährigen Beziehung und ein Liebeskummer aus der Hölle. Nicht, dass ich verlassen worden wäre. Oder das Gefühl hätte, einen Fehler gemacht zu haben. Ich will die Beziehung, derentwegen ich leide, nicht zurück, ich bin froh, dass sie vorbei ist. Und doch: leide ich.

Mein Kummer gilt nicht einem Mann, er gilt der Liebe.

Jedes Mal aufs Neue wünsche ich mir, sie möge dauern. Ich gebe alles, aber es scheint nie genug zu sein. (Obwohl, *eine* Ausnahme gibt es, und ich erzähle euch noch von ihr. Später. Unbedingt.) Ich glaube nicht an »den Richtigen«. Ich glaube nicht an die Monogamie. Ich glaube nicht an »bis dass der Tod euch scheidet«. Ich glaube an Dinge-zusammen-Durchstehen. Ich glaube an die Entscheidung füreinander. Ich glaube an das »Wir«. Zumindest tue ich das heute, in meinen Dreißigern. Als ich noch jünger war, war ich da viel unbedarfter – warteten doch noch so viele Typen auf mich. Um manche meiner Beziehungen habe ich gekämpft, mit Zähnen und Klauen, mit Bitten und Betteln, aus manchen bin ich leichtfertig getürmt, insgesamt aber, ja, bin ich immer und immer wieder an ihnen gescheitert. Wie auch an der mit Paolo.

Dabei war das noch nicht mal eine echte Beziehung, beide Male, die wir es miteinander versucht hatten, nicht. Haben wir uns je als Paar empfunden, als Einheit, als Team? Ich glaube nicht. Dafür fuhren wir die Kiste zu schnell vor die Wand. Waren wir vielleicht grundsätzlich inkompatibel?

In diesem Moment stelle ich mir diese Frage nicht. Natürlich nicht. Meine Güte, ich bin am Kacken! Doch wenn ich ehrlich bin: Ich habe nie verstanden, warum aus uns beiden nichts wurde. Bis heute nicht.

—

[16.06., 11:29] **Ich:** Weißt du eigentlich, dass ich seit unserem Telefonat quasi ununterbrochen daran denke, mit dir zu schlafen?

[16.06., 12:08] **Paolo:** Warum sollte es dir auch anders gehen als mir?

[16.06., 13:57] **Ich:** Muss an der Hitze liegen. Hätte dich schon gestern Abend, als ich betrunken nach Hause kam, beinahe für Telefonsex angerufen.

[16.06., 14:00] **Paolo:** Vielleicht hättest du mich beim Masturbieren erwischt.

[16.06., 14:11] **Paolo:** Also eher wahrscheinlich als vielleicht. So wie heute Nacht, als ich aufgewacht bin und von dir geträumt hatte. Oder heute Morgen, in der trägen Sommerhitze.

[16.06., 15:32] **Ich:** Aber jetzt gerade fände ich es sehr reizvoll, vor deiner Tür zu stehen und sofort nackt mit dir zu sein.

That escalated quickly.

—

Vor seiner Tür stehen und sofort nackt mit ihm sein, genau das ist mein Plan, einige Tage später. Für unser Wiedersehen hab ich mir eigentlich etwas ganz anderes ausgedacht. Was Zwangloses: Mannis Geburtstag, den er mit ein paar Leuten an einer Tischtennisplatte im Park begehen will. Sehr stilecht, wie ich finde. Selbst nach einem Telefongespräch, an dessen Ende Paolo »Es fühlt sich an, als sei überhaupt keine Zeit vergangen« sagte und sogar recht damit hatte, kann ich ihn nicht einschätzen. Uns. Natürlich hätten wir was essen gehen können. Oder trinken. Aber so eine kleine Feier schien mir perfekt: Intim genug, um sich in Ruhe unterhalten zu können. Formell genug, um nicht komplett komisch werden zu müssen, falls es doch noch komisch würde.

Doch als ich an der Tramhaltestelle stehe und darauf warte, zu ihm gebracht zu werden (»Klingel mich runter«, bat er, »dann haben wir wenigstens noch den Weg zum Park, um uns aneinander zu gewöhnen«), habe ich eine andere Idee. Die Sonne knallt, obschon es schon fast Abend ist, ich habe Durst und schwitze trotz Baumwollkleid. Und ich denke an Paolos Schwanz. Ich könnte mich an ihm festhalten. An ihm hochziehen sogar. Gott weiß, ich hätte es nötig. Ja, unser Sex war schlecht. Aber vielleicht bin ich besser jetzt. Oder er. Außerdem: Bislang sind wir immer daran gescheitert, dass wir Zeit hatten, Erwartungen aufzubauen. Die wir nicht halten konnten, offenbar. Dieses Mal sollten wir es gar nicht so weit kommen lassen.

»Hallo«, sagt er über die Gegensprechanlage seines gesichtslosen Altbaus. Ostberlin, da hat man sich halt nicht so Mühe gegeben.

»Hallo«, sage ich. Und: »Ich komm hoch.«

Und als ich oben bin, küssen wir uns augenblicklich, noch im Flur, und eine Welle des Vermissens erfasst mich, ja, ich habe ihn vermisst, so sehr vermisst, ich wusste es selbst nicht mal, erst sein Mund auf meinem offenbart es mir.

Und ja, nackt sind wir dann auch ziemlich schnell. Obwohl, vom Tempo her eher so semi.

»Wie zieht man das denn aus?«, fragt er beim Anblick meines Bustiers und zerrt es mir umständlich über den Kopf. Wir lachen. Die hübschen Spitzendinger kann ich seit der Implantation nicht mehr tragen, die scheuern zu sehr an den Narben. Ich hätte ihm gern einen unversehrten Körper geboten, überhaupt einen jüngeren. Als wir uns kennenlernten, trug ich bauchfrei. Mein Bauch war quasi das Erste, was er von mir sah, erzählte er mir irgendwann. Und jetzt, nach den drei Kindern … Ach, wir wollen nicht drüber reden. Ich mag meinen Körper, tu ich wirklich. Doch Paolo hat ihn nicht begleitet über all die Zeit, sondern sich an sechzehn Jahre alten Fantasien bedient, selbst als wir vor ein paar Jahren miteinander schliefen. Ich weiß noch, wie ich exakt diesen Gedanken hatte, als ich mich auszog und nackt auf seinem Sofa wiederfand. Wir waren betrunken von Champagner, mitten am Tag, trotzdem erinnere ich mich noch genau daran, dass ich dachte: Verdammte Scheiße, er hat den gleichen Jungenkörper wie damals. Nichts hat sich an ihm verändert. Und an mir alles. Und auch jetzt hat sich kein Haar an ihm verirrt, kein kleinstes bisschen Fett. Nur dass seine Locken nicht mehr braun sind, sondern grau, verrät, dass er gealtert ist.

»Dieser Jungenkörper«, sage ich.

»Das hast du letztes Mal auch schon gesagt«, sagt er.

Eine ganze Weile sagt niemand was von uns, bis er »Schau mich an« flüstert, in dem Moment, in dem er in mich hineingleitet, und dann wieder, als er mir die Arme hinter dem Rücken festhält und mich genauso fickt, wie ich es schon immer wollte, und mir ein »Oh mein Gott, Paolo, warum nicht schon früher?« entfährt.

Irgendwie schaffen wir es in den Park, bis zu den Tischtennisplatten. Wir schaffen es sogar, unterwegs beim Späti Bier und Eis zu besorgen, das uns natürlich unter den Händen wegschmilzt, bis wir da sind. Als wir so laufen, sucht meine Hand Paolo unentwegt, greift nach Armen, Bauch und Oberschenkeln, tätschelt Bauch und Kopf, alles, dessen sie habhaft werden kann. Versichert sich: Er ist da. Das alles ist passiert. Ich kann es nicht glauben.

»Ein Freund also«, sagt Manni und grinst, als wir kurz alleine stehen. Er hat uns schon in alles eingewiesen: Büffet auf den Parkbänken, Bier im Schatten, Nachbarn:innen, Freund:innen, Kolleg:innen, hallo, ein Hallo in die Runde. Manni ist fast der erste Mensch, den ich in der Stadt kennengelernt hab, damals, mit zwanzig. Wir haben geknutscht, in diesem kleinen, abgehalfterten Club, in dem er damals aufgelegt hat. Seitdem sind wir irgendwie befreundet. Irgendwie, weil nicht durchgehend. Aber doch immer irgendwie. Letzten Sommer hatte er einen Herzinfarkt, so ganz knapp am Ende vorbeigeschrammt ist er. Ich habe das verpasst, weil das gerade eine dieser »Nicht-durchgehend«-Phasen war. Dafür geben wir jetzt einen hübschen kleinen Club der Herzversehrten ab. Früher nahmen wir unsere Beziehungen auseinander, heute unsere Krankheiten. Dabei bin ich erst sechsunddreißig. Das ist viel zu fucking früh. Andere fangen in diesem Alter grade erst an, Kinder zu bekommen. Und meine sind schon so weit, dass sie aufeinander aufpassen. Wie heute zum Beispiel. Louise, meine Teenage-Tochter, bekommt fünf Euro die Stunde für quasi Nixtun. Ihre jüngeren Geschwister servieren ihr das YumYum in einer hübschen Keramikschale und sogar mit Stäbchen, bevor sie ihren Videoabend starten. Und ich kann zu Mannis Geburtstag. Oder Paolo vögeln. Oder beides. Mein Mann und ich haben unsere Beziehung schon vor Jahren geöffnet, weil wir uns nicht einschränken wollten in unserer Entwicklung, in unserem Ausdruck, in unserer Lust. Fair enough. Aber manchmal frag ich mich, ob ich mein Leben zu schnell gelebt habe. Alles, immer und sofort, keine Geduld und kein Verzagen, weder in meinen Beziehungen noch in meinem Beruf. Früher hielt ich das für eine Tugend, heute beschleicht mich der Verdacht, dass das nicht spurlos an mir vorübergegangen ist. Alte Leute haben Herz. Alte Leute sterben dran. Aber doch nicht ich.

Doch nicht ich.

»Italiener?«, fragt Manni.

Ich schüttele den Kopf. »Seine Mutter steht auf Paolo Conte.«

»Und woher kennst du ihn?«

»Oh, ich war mal verliebt in ihn, vor sechzehn Jahren.«

»Na, dann pass mal auf, dass das nicht wieder passiert.«

Anderthalb Bier später spielen wir Tischtennis, endlich!, im Rundlauf. Wofür sonst sind wir hierhergekommen? Ich hab extra den Schläger meines Schwiegervaters dabei, er hat ihn meinem Sohn geschenkt, in einem dunkelgrün karierten Sechzigerjahre-Futteral. Todschick. Das gibt dem Spiel so etwas Bedeutsames. Genau wie Paolo, der in Anzughose um die Platte tanzt, in Anzughose und langärmligem Hemd, die Ärmel aber doch wenigstens hochgekrempelt. Kurz mach ich mir Sorgen, ob das nicht alles viel zu schäbig ist für ihn, so ein Geburtstag unterm Plattenbau, mit warmem Bier und durchgeschwitzten, leicht verbrauchten Gästen. Ein Mann mit kahl rasiertem Schädel und in Adiletten führt seine Dogge an uns vorbei, dann macht er Klimmzüge an der Stange im Sandkasten. Eine Frau guckt aus der fünften Etage traurig auf uns runter, raucht eine nach der anderen. Paolo hingegen könnte seinem Aussehen nach einen Tag auf seiner Segeljacht am Wannsee verbracht haben, unberührt von allen Sorgen. Vorhin ging sein Handy. »Oh, entschuldige, ich schreib schnell zurück! Ist ein Freund, der gerade im Theater sitzt und sich wahnsinnig freut. Ich hatte für heute eigentlich zwei Karten, aber die hab ich ihm gegeben. Ich geh doch nicht ins Theater, wenn ich Katja wiedersehen kann!«

So jemand ist Paolo. Auch noch Mitglied im verdammten Förderverein. Schaut sich jede Woche ein Stück an und liest die *Ge-*

schlossene Gesellschaft in der Badewanne, einfach so zum Spaß. Während ich schon froh bin, einen Tatort zu Ende zu gucken, ohne dass irgendwer von mir was will. Wenn ich es überhaupt aufs Sofa schaffe, meistens arbeite ich, wenn die Kinder im Bett liegen. Oder sitze, in besonderen Fällen, mit Freundin, Kippe und Gin Tonic auf dem Balkon. Na ja, also in letzter Zeit eben ohne Kippe. Aber auch so bin ich von Bildungsbürgertum genauso weit entfernt wie Cindy aus Marzahn. Die Cindy und ich, wir haben schon was. Nein, ein gewisser Charme ist nicht abzustreiten. Dreh und wende es, wie du willst. Aber bleibt halt Unterschichten-Charme. Paolo gewinnt sogar beim Tischtennis Runde um Runde, alle keuchen, ich am meisten, obwohl ich besonders gut bin im Rausfliegen. Es ist heiß.

Es ist heiß, mir ist schwindelig und mein Herz schlägt, wie es vielleicht noch nie geschlagen hat. »Ich glaub, ich brauch mal ne Pause«, sage ich und gehe einen Schritt zur Seite.

Ein einziger Herzschlag. Durchgehendes Feuer.

Explosion.

Ein Schlag aus mir selbst heraus, wie eine geheime, unsichtbare Kraft, durchfährt meinen Körper, reißt meine Arme hoch, lässt mich nach vorne torkeln. »Hat sie Kreislauf?«, fragt irgendwer. »Ich glaube, das ist was anderes«, sagt Manni. Und dann ist Paolo hinter mir, lässt mich rücklings in sich hineinsinken, sagt kein Wort, ist einfach meine Wand. Ich gleite Richtung Boden, in die Hocke, die rettende Hocke, lehne mich an seine Beine und schließe die Augen. Dumpfer Schmerz in meinem Kopf, als hätte man mich mit einem Baseballschläger erwischt. Von dem bisschen Rundlauf.

So also fühlt sich das an, wenn der Defibrillator einen Schlag abgibt.

Wie von selbst schiebt sich meine Hand auf Paolos, die auf meiner Schulter ruht. Wir sagen kein Wort, bis eine von Mannis Freundinnen, die auf dem Mäuerchen neben uns sitzt, fragt, ob er mein Mann sei. Er verneint. »Oh«, sagt sie. »Ihr wirkt so vertraut.« Dabei haben wir uns gerade erst vor drei Stunden wiedergesehen, nach vier Jahren. Ja, wir wirken nicht nur vertraut, wir sind es. Das waren wir schon immer, sofort und zu jeder Zeit. Und diese Frau, die uns erst ein oder zwei Stunden gesehen hat, ohne wirklich mit uns zu interagieren, hat gesehen, was eigentlich sein müsste. So wie wir es immer wollten und es nie geschafft haben.

Wir gehen pinkeln, oder sagen wir: Paolo führt mich wankendes Elend in die Büsche. »Kannst du das, wenn dir jemand zuguckt?«, fragt er. »Ich nämlich nicht.«

Sieht ihm ähnlich, finde ich. Unter normalen Umständen würde ich ihn auslachen dafür, so richtig, richtig laut, aber jetzt gerade habe ich keine Kraft und suche mir einfach einen Busch etwas abseits, außerhalb seiner Sichtweite. Oder meiner, je nachdem, wie man es nimmt. Ich nehme dafür sogar in Kauf, aus einigen Metern Entfernung durch ein paar Äste hindurch von einem Kleinkind auf dem Bobbycar beobachtet zu werden. Kinder lieben so was. Erwachsene, die hilflos wankend in irgendwelchen Büschen hocken und versuchen, sich nicht auf die Espadrilles zu pissen, die sind nämlich neu. Großartig. Ich winke, es winkt zurück, die Mutter kommt, zieht es davon. Vielleicht vermutet sie einen Triebtäter hinter den Zweigen, dabei bin das nur ich, und zudem durch den Elektroschock von jeglichen Trieben befreit.

»Wie gut, dass wir schon vorhin miteinander geschlafen haben«, sagt Paolo, als er mich endlich zur Tramhaltestelle geschleppt und auf der Wartebank abgesetzt hat. »Jetzt könnten wir das wohl vergessen.«

Der Witz ist mies, aber er lässt mich trotzdem lachen. Es ist dunkel inzwischen, Menschen gibt es kaum noch auf den Straßen. Montagabends ist nicht viel zu holen in der Stadt, nirgendwo eigentlich. Vielleicht hätte ich mir ein Taxi nehmen sollen, vernünftiger wäre es sicher gewesen, weniger quälend auf jeden Fall, doch nirgendwo schlägt die mir anerzogene Sparsamkeit brutaler durch als beim Thema Verkehrsmittel. Oder fast nirgendwo. Ich kratze Schimmel von Käse, esse morgens, mittags, abends Suppe, bis der Topf endlich leer ist – und würde nie einen Fuß in ein Taxi setzen, es sei denn, mein Leben hinge davon ab. Oder jemand anderes bezahlte.

Jetzt fällt's mir wieder ein. »Der Sex war gar nicht scheiße«, sag ich, und er: »Wir sind ja auch nicht mehr dieselben. Zum Glück. Zwischen uns hat sich in all den Jahren nichts geändert. Aber wir haben uns verändert. Sind weiter.« Und dann verbeiß ich mich in seinen zarten Hals (den zartesten Hals, den ich jemals biss), wie ein Vampir saug ich an ihm, bis ich Blut schmecke, ein winziges bisschen Blut, Lebenskraft, für mich. Da sitz ich auch schon auf seinem Schoß, und er riecht an meiner Wange, sagt, so hätte ich schon immer gerochen, mein besonderer Katja-Geruch sei das. »Dr. Hauschka?«, frag ich, aber er schüttelt den Kopf. »Du.« Und dann: »Ich denke, ich habe jetzt begriffen, woran es lag, dass wir trotz unserer Anziehung immer wieder diese komischen, uns emotional voneinander abstoßenden Momente erleben mussten. Egal, ob wir Anfang zwanzig oder Mitte dreißig waren. Oh, deine Tram!«

»Auf keinen Fall steige ich jetzt da ein. Das musst du jetzt erst erzählen.«

Also bleibe ich auf seinem Schoß sitzen, und er erzählt. »Zwischen uns war es immer so energiegeladen, dass ich es nicht geschafft hab, in Ruhe mit dir zu sein. Mit dir war ich im Vollgas-Modus, und damit bin ich auch in den Sex gedonnert, voll auf dich los. Und du hast einfach zugemacht.«

»Ich wollte mich dir nah fühlen. Hat so aber nicht geklappt. Es war, als würdest du dein eigenes Ding machen, ohne mich zu sehen. Ohne mich zu kennen.«

»Du hast nie so gewirkt, als würdest du Nähe wollen. Im einen Moment warst du da, im nächsten schon wieder weg. Einfach unberechenbar. Eine einzige große Party, aber nichts, wo man bleibt. Obwohl ich ja bleiben wollte. Ich dachte immer wieder: Jetzt hab ich dich gefunden, mit dir geht mein Leben los. Aber dann merkte ich: Ich kann mich nicht auf dich verlassen. Kein bisschen. Du würdest niemals Rücksicht auf mich nehmen.«

»Und ich dachte immer, du hättest keine auf mich genommen. Weil du damals sagtest, du willst nicht mehr.«

»Ich hatte das Gefühl, ich muss mich vor dir schützen.«

»Ich wollte dich so sehr.«

»Du hast das Gegenteil vermittelt.«

So ist das also, wenn man endlich spricht. Die zweite Wahrheit kommt ans Licht. Die des:der andere:n. Sechzehn Jahre lang ging ich durch mein Leben in der Gewissheit, von ihm sitzen gelassen worden zu sein. Brutal verlassen. In seiner Geschichte bin ich diejenige, die brutal gewesen ist. Und ich fürchte, er hat recht.

In diesem Moment begreife ich, dass die Geschichten, die ich mir über mich und meine Beziehungen, all die *anderen* Beziehungen in meinem Leben, erzähle, nur zu einem Teil stimmen, und zwar zu meinem. Auf dieser Seite sind die Dinge sonnenklar; natürlich, ich habe Fehler begangen, Charakterschwächen bewiesen, schlecht gewählt zuweilen, auch das. Doch wenn es je ein wahres Opfer gab in meinen Erinnerungen, dann war das sicher ich.

Aber wie war es wirklich?

Noch während ich auf Paolos Schoß sitze, beschließe ich, ihnen allen zu schreiben. Allen wichtigen Ex-Männern meines Lebens. Vielleicht bin ich wirklich nicht so gut im Führen von Beziehungen, wie ich dachte. Aber jetzt werde ich wenigstens endlich rausfinden, wieso.

X

Felix

Nicht, dass es vor Felix nicht schon andere gegeben hätte. Typen, mit denen ein paar Wochen was lief. Ein bisschen Knutschen, ein bisschen Händchenhalten, manchmal sogar ein bisschen Verknalltsein. Mit ihm war es womöglich nicht viel anders, und dennoch beginne ich mit ihm und niemand sonst. Denn Felix himself ist der Entdecker meiner Klitorisperle, und auch wenn garantiert in Kürze jemand anderes draufgekommen wäre, dass es die gibt (vielleicht ja sogar ich selbst!), werde ich ihm für immer dankbar dafür sein, wie routiniert er seine Finger anleckte, um zwischen meinen Beinen für Furore zu sorgen.

Ein Blick auf Facebook, und ich habe ihn. Zum Glück ist die Suche schnell erledigt. Mein Kopf fühlt sich auch Tage nach Mannis Geburtstag noch so an wie nach einer Gehirnerschütterung. Kein Wunder, dass man früher Elektroschocks gegen Ungehorsam oder Aufbegehren einsetzte und noch heute gegen psychische Ausfälle verordnet – nach so einer kleinen Therapieeinheit hat man schon gar keine Lust mehr auf irgendeine Art von Aufruhr. Will nur noch liegen und Kopf stillhalten. Aber mein Herz, das schlägt ganz ruhig seitdem.

Felix und ich sind sogar schon Facebook-befreundet. Schließlich haben wir zusammen Abi gemacht, ein ganzer Haufen Menschen verbindet uns, eine lange gemeinsame Zeit. Aber sonst eigentlich: nichts. Kein bisschen Kontakt.

»Was willst du denn wissen, Kathi?«, fragt Felix noch am selben Nachmittag, nachdem wir Job (leitende Position, aber mit latenter Unzufriedenheit), Beziehungsstatus (seit etlichen Jahren glücklich liiert), Kinder (keine) und Haustiere (aufmerksamkeitsdefizitäre Katze) verhandelt haben. Zu mehr als Telefon konnte ich ihn nicht überreden. Eigentlich wollte ich ihn in zwei Wochen treffen, wenn ich mit den Kindern für ein paar Tage bei meinem Vater im Westen wäre, wie jedes Jahr in den Sommerferien. Im *Osten*, dieser kleinen Kneipe, in der wir als Sechzehnjährige rumhingen. Kölsch kostete eine Mark achtzig, es war das billigste Getränk auf der Karte, wir tranken es wie Wasser. Der Boden schwarz-weiße Schachbrettfliesen, ich musste ihn oft angucken wegen zu viel Kölsch. Und nun, als unser Treffen schon abgemacht war, sagte Felix, er möchte doch lieber nicht. Schließlich sei ich nicht gerade die beste Beziehung seines Lebens gewesen. Vermutlich ist das eine Untertreibung.

»Alles will ich wissen«, sage ich. »Ich erinnere mich an fast gar nichts.«

»Das wundert mich nicht. So hast du dich auch verhalten. Als hättest du harte Drogen genommen oder so. Ich hab schon damals gedacht: Was bringt einen Menschen dazu, so zu werden?« Seine Stimme hat die gleiche Melodie wie früher. Gleiche Tiefe, Kölscher Einschlag. Mir wird warm.

Ich strenge mich an, kratze, wühle durch mein Inneres: Wie? Wie war ich denn geworden? Ich finde: nichts. »Entschuldige«, sage ich vorsorglich. »Ich war bestimmt ein Biest damals.« Bis heute bin ich das. Zumindest manchmal. Genau das ist ja mein Problem. Aber das sage ich nicht. Stattdessen sage ich: »Weißt du noch, wie alles angefangen hat?«

»Ich hatte jedenfalls nicht damit gerechnet. Es war schon fast Winter, schweinekalt. Wir waren im JuZe auf einem Konzert, und irgendeinem von uns beiden war schlecht, vielleicht sogar beiden, darum waren wir draußen, an den Bahngleisen. Plötzlich hast du mich geküsst, und ich fragte mich noch: Warum mache ich das überhaupt? Aber gleich darauf: Warum mache ich das nicht *immer*?«

»Wie? Du hattest mich gar nicht auf dem Radar?« Ich bin ein wenig entrüstet. »Also ich fand dich schon immer toll.« Wirklich. Wie auch nicht? Felix war einer der coolsten Jungs unserer Klassenstufe. Tief sitzende Hosen, Skateboard, dauerbekifft. Seine Bandproben waren ein soziales Ereignis, dem ich beinahe wöchentlich beiwohnte. Ich war auf seiner Schule. Ich war in seinem Freund:innenkreis. Ich war auf jeder Party. Und da hatte er mich gar nicht wahrgenommen?

»Doch, doch, ich fand dich auch toll. Aber ich glaube, ich habe nie darüber nachgedacht, was mit dir anzufangen. Sonst wäre ich nicht so überrascht gewesen. Daran kann ich mich noch gut erinnern. Ich glaube, ich hatte ein bisschen Angst vor dir. Du wirktest absolut unberechenbar.«

»Und wie sind wir dann ein Paar geworden?«

»Wir waren es einfach. Du hattest mich geküsst, und dann waren wir es.«

Stimmt, jetzt weiß ich es wieder. So war das damals. Man knutschte besoffen rum, und wenn man sich nicht völlig scheiße fand gegenseitig, war man halt zusammen. Felix war cool, Felix war süß, und das hier war meine Chance, ihm nah zu sein. Klar ließ ich die nicht verstreichen. Und wurde offensichtlich zum Motor der Geschichte.

»Zuerst hab ich gedacht, du meinst es ernst mit mir. Es hat sich so angefühlt, als würdest du mich komplett in was reinziehen. Aber dann merkte ich: Du selbst warst gar nicht da. Du warst wie eine Katze, die ganz kurz mit dir kuschelt und sich dann sofort in deinen Arm verkrallt. Unberechenbar. Du hast nicht gesagt, wie es dir geht oder was du brauchst. Ich hab mich gefühlt wie dein Spielzeug. Das hat mich wirklich verrückt gemacht.« Konkreter wird Felix' Erinnerung nicht. Aber dann fällt ihm doch noch eine Sache ein: »Einmal, als wir in deinem Zimmer abgehangen haben, wolltest du, dass ich mich untenrum ausziehe. Einfach so, zu deiner Erheiterung. Wir haben nicht mal rumgemacht oder so, sondern einfach nur Musik gehört. Du hattest da eine selbstgebrannte CD, die du richtig gut fandst. Wie hieß die Band noch? … Ich weiß es wieder! Pulp Garlic! Echt thrilling: Dein Vater war unten, und ich hatte die ganze Zeit Angst, dass er reinkommt und ich keine Hose anhabe. Aber vielleicht wolltest du ja genau das.«

Verflucht. Schon in derart jungen Jahren kam meine ganze Beziehungsunfähigkeit zum Tragen. Andere waren zärtlich verknallt, ich schien einfach nur ein Arschloch gewesen zu sein. Sagen wir ehrlich, was es ist: ein kleiner Vorgeschmack auf alles, was noch kommt.

»Es hat mich mega abgefuckt«, erzählt Felix weiter, »dass ich es in diesen paar Wochen nicht hinbekommen hab, mit dir zu schlafen. Nie hat sich die Gelegenheit dazu ergeben, genau genommen nur ein einziges Mal, und selbst da war ich viel zu nervös. Wir waren bei mir, meine Eltern waren nicht da, und du wolltest dich auf mich setzen, aber du warst viel zu eng, es ging einfach nicht, und dann bin ich auch schon gekommen. Und dachte nur: Gott, wie peinlich.«

»Wir haben zwar nicht miteinander geschlafen. Aber immerhin hast du mir meine Klitoris gezeigt! Eine sehr ehrenvolle Position, die du in meinem Leben einnimmst.« Tatsächlich hatte ich vor Felix keine Ahnung gehabt, wie ich mich selbst anfassen kann. Sexuelle Stimulation existierte in meinem Kopf dank katholischer Sexualerziehung in der Schule rein vaginal. Dass der meiste Spaß von einem winzigen Nervenbündelchen außerhalb der von einem Penis penetrierbaren Zone entsteht, war mir bis dahin schlichtweg unbekannt. Und dann machte Felix plötzlich so was! Fummelte mir bei einem unserer Pst-sei-leise-nebenan-sind-meine-Eltern-Treffen die Hose auf und brachte mit kleinen, massierenden Bewegungen meine Säfte zum Fließen. Eine Offenbarung!

Felix ist überrascht. »Ich dachte ja, du hättest das alles schon tausendmal gemacht. Zumindest hast du den Eindruck erweckt.«

Im Eindruck erwecken bin ich gut. Eigentlich hielt ich das immer für eine Stärke, aber jetzt gerade bin ich da nicht so sicher. In der Liebe wollen wir uns nahe sein, das ist doch die ganze Idee dabei. Aber Nähe, das kann ich offensichtlich nicht. Warum nicht, warum nicht, warum nicht? Zum Glück bin ich später bei Dr. Kauz und kann ihn fragen. Gewissermaßen ist er auch ein Ex von mir. Ein Ex-Therapeut. Zehn Jahre etwa ist meine Analyse bei ihm jetzt her. Es waren gute Jahre, ich kam stabil durch alle Lebenskrisen, weitestgehend jedenfalls. Bis ich merkte, wie die Verzweiflung wieder überhandnahm. Wie ich mir fremd wurde. Und meine Impulse sich verselbstständigten. Seit einem Jahr liege ich wieder auf der Couch, zweimal die Woche mich selbst anschauen. Mich noch mal neu verstehen lernen.

»Du warst so weit weg«, sagt Felix. »Eine Blackbox. Ich hatte mir so sehr gewünscht, dass du mit mir sprichst. Aber ich war vielleicht selbst auch nicht der reflektierteste Mensch.«

Nur: wer war das schon? Damals, mit sechzehn?

»Eine Woche später hast du schon mit Ole rumgeknutscht, im *Osten*. Ich hab euch von draußen durch die Scheibe zugeguckt. Da war es dann vorbei.«

Einfach vorbei?

»Ich hab dir gesagt, dass ich keinen Bock auf so eine Scheiße habe. Und dir schien das auch komplett egal zu sein. Aber ich war danach noch ewig deprimiert und fragte mich, was an mir falsch ist. Weißt du, früher haben mich alle für unverletzlich gehalten. Aber das war ich nicht.«

So, wie ich in die Beziehung mit Felix hineingeschlittert war, schlitterte ich offensichtlich auch wieder raus. Accidentally. Dabei kann ich mich sogar noch an meine Verknalltheit erinnern. Vielleicht hatte sie nur kurz gewährt. Aber es hatte sie gegeben.

»Du warst so cool«, sagt Felix. »Ich hätte so gerne mehr mit dir rumgemacht, mehr mit dir erlebt. Aber du warst auch einfach crazy. Irgendwas war bei dir kaputt, und ich wusste nicht, was. Ich bin nicht mal in die Nähe dessen gekommen.«

Dann erzählt er von einem anderen Mädchen, schon im Studium und ein wenig älter, aber genauso verrückt, bei genauerem Hinsehen sogar ein Schippchen mehr. »Vielleicht find ich das auch anziehend, wenn ich nicht weiß, was passiert. Vielleicht mag ich Crazyness.«

Es fällt mir schwer, mich auf diese andere Geschichte zu konzentrieren, Gedanken laufen kreuz und quer, Kinn zittert, aber ich gebe ihm nicht nach. Keine Gefühlsausbrüche am Telefon. Würden wir bei einem Kölsch im *Osten* sitzen, dieser widerwärtigen Plörre, würde ich mich in Felix' Arm schmeißen, sofort täte ich das, und seinen Pullover nass weinen. Ich stelle mir ein Sweatshirt vor, so wie damals, keinen Wollpullover. Hätte er nie getragen.

»Du hast immer was hinterlassen, wenn wir uns gesehen haben«, sagt er.

»Was denn?«

»Dass ich dir nah sein will. Und Frustration. Ich hatte wirklich Angst, dass es dieses Mal wieder genauso ist. Dass ich unglücklich aus unserem Treffen gehe. Du warst richtig scheiße damals. Aufregend, aber scheiße. Fühlt sich trotzdem gut an, dass wir endlich sprechen.« Jetzt, nachdem zwanzig Jahre vergangen sind.

»You made my day«, schreibt er später. Und schickt einen Link zu ein paar Live-Aufnahmen von Pulp Garlic hinterher. »Die scheint es nicht lange gegeben zu haben. Google und Spotify kennen sie nicht.«

Ich drücke auf Play. Und bin wieder sechzehn. »You've got to live, flower, as long as you're in bloom«, heult der Sänger. Ich fühle es sofort. Pathetische Scheiße, für jemanden in den Dreißigern jedenfalls. Aber genau richtig, wenn man sechzehn ist.

Und dann schickt Felix noch was. Einen Youtube-Link zu einem Filmausschnitt von *Jay and Silent Bob*, diesem Spin-off von *Clerks*. »I am the master of the clit!«, schreit Jay in die Kamera, bevor er anfängt, eine imaginäre Klitoris mit seinem Nasenrücken zu reiben. »I am the clit commander!« Felix hat den gleichen tumben Humor wie damals. Aber lachen muss ich trotzdem noch eine ganze Weile. Denn offensichtlich hab ich den auch.

Nach dem Telefonat mit Felix muss ich unbedingt mit Paolo sprechen. Er war immerhin mein Ideengeber, meine Inspiration, meine Nummer eins. Wir sind ohnehin ständig in Kontakt seit diesem einen Nachmittag. Ungefähr so:

[23.06., 22:43] **Ich:** Schickst du mir ein Foto von meinem Biss? Dann hab ich was für die Zwischenzeit zum Mich-dran-freuen.

[24.06., 00:18] **Paolo:** Es tut mir leid, ich habe zwanzig Fotos gemacht, das sieht alles so unglaublich schlecht aus, das kann ich dir nicht schicken. Ästhetik und so.

Aber das macht nichts. Ich schicke dir noch andere Zwischenzeiten.

Die vielen neuen Bisse, die noch kommen. Die Momente von: ›schau mich an‹. Wenn du dich in meinen Haaren festkrallst. Wenn ich deinen Kopf tief in meine Matratze drücke. Wenn andere fragen, ob ich dein Mann sei, weil wir so vertraut miteinander sind. Und natürlich, wenn die Tram ohne dich losfährt, weil wir noch nicht fertig geküsst haben. Es gibt so vieles von diesem Montag, an dem wir uns in der Zwischenzeit erfreuen können.

Am Ende schickte er mir trotzdem noch ein Foto. Er steht in seinem dschungelgrün gestrichenen Bad, Handtuch über den nackten Schultern, und zeigt mit dem Finger auf meinen Biss. Wollte ihm sofort einen neuen machen, durchs Handy hindurch, senkte schon den Kopf herab, um ihn zu beißen, erwischte aber nur Glas. Frustrierend, wenn man nicht kann, was man will. Termine, Kinder, Verpflichtungen … Das Hamsterrad des modernen Lebens halt. Für Liebhaber ist da wenig Platz.

»Er hat das Treffen verweigert, aus Groll. Weil ich scheiße war damals. Wie sagte er? ›Sooooo scheiße‹«, lache ich ins Telefon. Lachen der Verlegenheit. Wer mag es schon, so etwas über sich selbst zu hören?

»Siehst du«, sagt Paolo. »Wie bei uns damals. Maybe it wasn't me. Maybe it was you.«

Toll. Dann ergibt es ja gar keinen Sinn mehr, mit den anderen zu sprechen. Soll ich mir jetzt immer weiter in die Fresse geben und erzählen lassen, wie bescheuert ich war?

»Warum nicht?«, sagt Paolo. »Vielleicht lernst du ja noch was.«

Also gut. Warum nicht!

Nachmittags ist Dr.-Kauz-Time, letzte Stunde, bevor er Ferien macht. Ich finde es eigentlich gut, dass er in Urlaub geht. Seit ein paar Monaten haben wir Beziehungskrise, und wie sagt man so schön in amtlich kaputten Beziehungen: Wenn der Olle weg ist, hab ich endlich meine Ruhe.

Unser Problem ist meine offene Ehe. Also seins. Er hat sich lange dagegen gewehrt, es zuzugeben, wirklich. In der Psychoanalyse stellt der:die Klient:in dem:der Therapeut:in keine Fragen, äußert keine Unterstellungen, es läuft andersherum, natürlich. Aber irgendwann, nach stundenlangen Einwänden, Widersprüchen, Problematisierungen von hinter meinem Kopf, da, wo Dr. Kauz in seinen Cordhosen in seinem mit dunkelbraunem Leder bezogenen Sessel sitzt (Herrgott, wie konnte er nur so leben, er war eine Karikatur von einem Analytiker!), hatte ich die Schnauze voll. »Herr Kauz, sagen Sie ehrlich, Sie halten Monogamie für das bessere Beziehungsmodell. Und Sie verurteilen mich, weil ich es anders mache.«

»Ich kann Ihnen von meiner Erfahrung berichten«, sagte er. Und die lautet: »Es ist schon selten genug, dass zwei reife Erwachsene aufeinandertreffen. Aber drei? Oder noch mehr? Das ist nahezu unwahrscheinlich.« Damit meinte er die Beziehung, die kürzlich gegen die Wand gefahren ist, die, wegen der ich gerade noch so litt. Von Anfang an war sie Gegenstand meiner Betrachtungen gewesen, aber nichts hatte sich geändert. Sie war und blieb selbstmörderisch. Und warf natürlich weder ein gutes Licht auf mich noch auf die Polyamorie als solche. Schließlich kam Dr. Kauz zu dem Schluss, dass Monogamie für die meisten Menschen wohl das geeignetere Konzept sei. Auch für mich.

Seitdem herrschte Krieg.

Über Liebesdinge zu sprechen fiel mir nun schwer, zu groß die Angst, für die Art, wie ich liebe, bewertet zu werden. Und andere Themen wollten mir einfach nicht einfallen, wenn ich mich auf der Liege ausgestreckt und meine Augen auf das Ölbild links von mir an der Wand geheftet habe. Ich habe keine Probleme im Job, keine in meinen Freund:innenschaften, keine mit meinen Kindern. Manchmal rede ich über meine Mutter, aber auch das hat sich schnell erschöpft. Also schweige ich viel in letzter Zeit. Frage mich: Ist das ein Krokodil auf diesem Bild? Ein Drache? Oder doch nur ein üppiggrüner Busch? So ging das Stunde um Stunde. Rausgeschmissenes Krankenkassengeld.

»Kann es sein, dass Sie die Therapie sabotieren? Kann es sein, dass Sie mit mir kämpfen, statt mit mir zu arbeiten?«, fragte Dr. Kauz in der letzten Sitzung.

Ich gab ihm uneingeschränkt recht. »Kann es sein, dass Sie mit *mir* kämpfen? So geht doch keine Analyse, Sie dürfen mich nicht bewerten!«

»Gut, ich werde mich beobachten. Vielleicht habe ich auf etwas an Ihnen reagiert. Vielleicht bin ich in Ihren Kampf eingestiegen, ohne es zu merken. Habe mich dazu hinreißen lassen, meine eigene Überzeugung eine zu große Rolle spielen zu lassen.«

»Na danke«, brummte ich. »Jetzt bin ich wieder schuld.« Aber ein bisschen Mauer war doch wieder eingerissen.

Heute scheint nichts mehr von ihr übrig geblieben zu sein. Denn ich will plötzlich nicht, dass er fährt. Und: Ich erzähle ihm alles von Felix, und von Paolo natürlich auch. »Ich glaube, ich habe vielen Menschen wehgetan«, schließe ich.

»Das kann ich mir vorstellen«, sagt Dr. Kauz.

Tränen laufen mir rechts und links die Wangen runter. Ich schäme mich.

»Wir sollten uns ansehen, warum Sie das getan haben. Nach meinem Urlaub.«

Auf dem Weg nach Hause vibriert mein Handy.

[01.07., 16:21] **Paolo:** Ich habe mich heute Morgen plötzlich daran erinnert, dass ich in deiner Küche damals das erste Mal in meinem Leben einen Cappuccino mit Sojamilch getrunken habe. Und die super übelste allergische Reaktion darauf bekommen habe. Ich weiß noch, wo ich saß. Allerdings weiß ich nicht mehr, wann genau das war.

[01.07., 16:24] **Ich:** Paolo. Warum bin ich wieder so krass verknallt in dich?

[01.07., 16:25] **Ich:** Oder nein. Ohne Fragezeichen. Ich bin krass verknallt in dich. Schon wieder.

[01.07., 16:32] **Paolo:** Es geht mir kein bisschen anders.

[01.07., 18:27] **Paolo:** Doch, vielleicht ein bisschen anders. Ruhiger. Tiefer. Reifer.

Du kommst nicht so krass angedonnert wie die vorherigen Male unserer Wiedersehen. Die Annäherung ist reflektierter und vorsichtiger. Nicht im Sinne von zurückhaltender, sondern einfach reflektierter. Vorsicht wie Vorhersehen. Die Musik ist etwas leiser, aber schöner. Und es scheint keine Single zu sein, sondern eine LP.

Eine LP. Wollte ich doch schon immer haben, mit ihm. Will ich sofort wieder. Und doch: Woher will er das denn jetzt bereits wissen? Seit unserem Wiedersehen mit Elektroschock haben wir uns erst ein paarmal gesehen. Fantastischen Sex gehabt, zärtliche Gespräche. Doch bei aller Euphorie habe ich Zweifel an ihm, an uns. Klar ist es anders jetzt, behutsamer. Aber ich bleibe vorsichtig. Wie sehr kann ich ihm vertrauen? Zweimal ist er mir schon abgehauen, ohne Vorwarnung, aus dem Nichts. Er hatte seine Gründe, natürlich. Wir alle haben unsere Gründe, wenn wir gehen. Nur wie kann ich sicher sein, dass das nicht schon wieder passiert? Zu der grundlegenden Unsicherheit, die jede neue Begegnung umgibt, jeden Anfang gleichzeitig aufregend und beängstigend macht, kommt in unserem Fall eine gemeinsame Geschichte hinzu. Eine Geschichte, die nicht gerade Hoffnung macht.

Dabei habe ich nicht mal was gegen kleine Fluchten als solches. Das hier ist eine temporäre Nummer, so viel sollte klar sein. Wo soll das auch schon hinführen? Ich habe Julius, meinen Mann, die Kinder, das Schreiben – ein Leben, so wie ich es will. Paolo bleibt ein Ausflug. Wochenende. Abenteuer. Er wird mehr wollen, perspektivisch zumindest, unzufrieden werden, und seine Unzufriedenheit wird in Zank ausarten, bis eine:r von uns beiden geht. Ich kenne das, zigmal erlebt, es scheint das Schicksal nahezu jeder Affäre zu sein, die ich außerhalb meiner Ehe habe. Paolo will eigentlich eine »richtige« Freundin, das sagt er immer wieder. Eine, mit der Alltag möglich ist, Perspektive.

»Vielleicht ist es aber auch genau das hier, was ich will«, hat er gestern gesagt, als wir im Park auf einer Picknickdecke saßen. »Mein Ding machen, und dich ab und zu treffen. Vielleicht reicht mir das. Ich dachte immer, ich will die ultimative Verschmelzung, eine Beziehung, die intensiv und nah ist. Aber wenn ich mir meine vergangenen Beziehungen so ansehe, wenn ich ganz ehrlich bin, dann hab ich irgendwann immer abgebremst. Die meisten meiner Freundinnen wurden mir zu viel, wollten Kinder, machten sich abhängig …

Und in dem Moment wollte ich nur noch weg. Vielleicht kann mich so etwas hier auf Dauer viel glücklicher machen.«

»Bindungsunfähig«, so könnte man Paolo wohl nennen, wenn man es darauf anlegte: Einer von diesen Menschen, die sich nicht so recht einlassen wollen. Ein paar Monate hier mit der einen, ein paar Jährchen da mit einer anderen; oft sind es unauflösbare Fernbeziehungen, Lebensentwürfe, die sich nicht dauerhaft vereinbaren lassen. Mit keiner hat Paolo länger zusammengewohnt, obwohl er sich, seinen Erzählungen nach, genau das wünscht: Endlich bei jemandem anzukommen. »Ich habe eben einen Hang zu unmöglichen Frauen«, behauptet er, und ja, auch ich bin wohl eine von diesen »Unmöglichen«, weil nun mal verheiratet. Einfach nur Pech, dass er schon wieder an so jemanden gerät, könnte man meinen. Oder auch nicht.

»Man denkt ja immer, es sei Zufall oder Glückssache, ob wir den richtigen Menschen finden, mit dem wir glücklich werden können«, schreibt die Psychologin Stefanie Stahl in *Jeder ist beziehungsfähig.* »Tatsächlich ist es jedoch so, dass unser Unterbewusstsein [...] einen erheblichen Einfluss darauf nimmt, in wen wir uns verlieben oder eben auch nicht verlieben. Wenn ich scheinbar immer an die Falschen gerate, dann hat das etwas mit meinem Liebesprogramm, mit meinem unbewussten Beuteschema zu tun.«

Natürlich sind es nicht nur Männer, die Verbindlichkeit bewusst oder unterbewusst scheuen, doch im Vergleich zu Frauen sind sie, was das angeht, definitiv in der Überzahl. Eine gewisse Bindungsunfähigkeit ist bei ihnen gesellschaftlich akzeptiert, ja gilt sogar als männlich. Während Frauen darauf konditioniert werden, die Bedeutung von amourösen Beziehungen für ihr Leben überzubewerten, werden Männer darauf konditioniert, sie unterzubewerten. Das Prestige von Single-Frauen ist in jedem Alter unterirdisch, bei Männern aber sinkt es erst vielleicht, wenn sie die Fünfziger erreicht haben.

Der Psychiater Amir Levine und die Psychologin Rachel S. F. Heller warnen in ihrem Buch *Warum wir uns immer in den Falschen verlieben* zwar davor, vermeidendes Verhalten mit einem bestimmten

Geschlecht gleichzusetzen – doch wir alle kennen sie, sei es aus eigener Erfahrung, sei es aus Erzählungen im Bekanntenkreis: Männer, die noch nicht bereit für eine feste Beziehung sind. Männer, die nicht zusammenziehen wollen. Männer, denen der Gedanke an Vaterschaft Angst macht. Männer, die nicht heiraten möchten. Nicht, dass irgendwer davon irgendetwas wollen *sollte*, gutes Leben geht auch ohne all das. Aber interessant ist der Geschlechterunterschied an dieser Stelle allemal: Wenn jemand in einer Hetero-Beziehung das Tempo drosselt, dann ist es in den allermeisten Fällen nicht die Frau. Was aber eigentlich verwunderlich ist angesichts der Tatsache, dass es verheirateten Männern offenbar so gut geht, dass sie ihre Lebenserwartung um (je nach Studie) bis zu neun Jahren verlängern, während Ehefrauen im Schnitt anderthalb Jahre früher sterben als ihre unverheirateten Kolleginnen. Tun sie es aus Kummer? Aus Protest? Weil ihnen ihre Typen so viel Arbeit machen? Wir wissen es nicht. Wir wissen nur, dass Männer Frauen offensichtlich nötiger haben für ihr Wohlergehen, als es andersrum der Fall ist.

Wir tranken also Chablis auf unserer Picknickdecke, nicht etwa Riesling, den Paolo ebenfalls in seinem Kühlschrank lagerte, weil Chablis nämlich viel besser, geradezu ausgezeichnet zum Wetter passte, wie er erklärte, und zwar aus richtigen Gläsern, die, in Stoffservietten eingeschlagen, ihren Weg unbeschadet in den Park und zurück fanden. Außerdem in Paolos Gepäck: winzige Oliven, mit denen er mich fütterte, und Cracker, von denen ich nicht genug bekommen konnte. Ein paar Meter von uns entfernt machte ein muskulöser Rentner mit vollem Haar Tai-Chi daneben sprang ein Kreis fröhlicher Student:innen nach einem Frisbee, selbst das Kläffen eines kleinen, an uns vorbeigaloppierenden Hundes klang friedlich. Ist es Zufall oder ist es Schicksal, Paolos angeborenes Schicksal, um genau zu sein, dass ihn immer ein Hauch des Erlesenen umgibt? Wir wollen nicht davon sprechen, dass seine Locken sich im Gegensatz zu meinen stets so liebreizend kräuseln, als würde sie jemand stündlich mit marokkanischem Haaröl benetzen. Auch nicht davon, dass seine Wohnung keine Wohnung ist, wie andere Menschen sie bewohnen, sondern mehr einem Pariser Bordell Ende des neunzehnten Jahrhunderts gleicht mit seinen weichen, dunkelroten Samtsofas, ganze Wände einnehmenden eklektischen Gemälden, dem Klavier und, natürlich!, der Spirituosenecke gleich neben dem Fenster, in der er im Handumdrehen den besten Dry Martini mixt, den ich je getrunken habe und den er in Gläschen aus der Vorkriegszeit serviert. Letzten Sonntag stellte er Basilikumöl her, als wir telefonierten. Einfach so, weil er Lust drauf hatte. So verbringt Paolo seine Zeit. Mit Erlesenem und Schönem. Na gut, geschenkt, ist er halt ein Bilderbuch-Bobo. Aber erklärt mir mal, warum, als wir im Park saßen, ich nach der Flasche Chablis bereits auf seinem Schoß und mit einer Hand in seinem Schritt, warum da niemand mit Bierflaschen schmiss und keine Kampfhunde am Horizont erschienen, so, wie es sonst ihre Art ist? Warum kein Müll um uns verstreut war und keine Ameisen uns bissen? Wachen die Engel des Herrn immer über ihn? Machen sie, dass kein Stein seinen Fuß berührt und kein Wind sein Antlitz streift? Mit ihm fühle ich mich wie im Film. Als hätte jemand den Set schon im Vorfeld kuratiert, die Requisiten ausgewählt, ihm druckreife Sätze in den Mund gelegt. Dabei ist das alles er selbst. Immer nur er.

Meine Lieblingssoziologin Eva Illouz würde diese meine Faszination für Details ein wenig kritischer betrachten und sie als Merkmal des Konsumkapitalismus, der schon lange auf unsere Beziehungen übergesprungen ist, werten. Sie schreibt in *Warum Liebe endet*: »Weil die Epistemologie von Beziehungen an bewusst kultivierten Geschmäckern, Hobbys und Konsumpraktiken ausgerichtet ist, wird eine Beziehung als Lebensstilwahl bewertet, als bevorzugter Konsumakt. Lebensstile, Hobbys und Geschmäcker setzen mithin Bewertungsschemata in Gang, die in den meisten Fällen eine Abwertung und Nichtwahl von Personen einschließen, und die kann man umso leichter loswerden, als sie sich nicht einer Matrix von Geschmäckern einfügen – ›nicht mein Geschmack‹ sind.«

Halten wir fest: An Paolo ist alles, wirklich alles genau »mein Geschmack«. Aber würde ich ihn weniger mögen, wenn er Sterni mitgebracht hätte statt Wein oder Sneaker tragen würde statt Lederschuhe? Ich glaube nicht. Auch wenn ich die Aufwertung meiner ganz und gar unbourgeoisen Existenz durch seinen Habitus durchaus erkennen kann.

An diesem Abend jedenfalls, auf der Picknickdecke auf seinem Schoß, dachte ich: Eines Tages werden wir Freund:innen werden müssen, das ist unumgänglich, Lauf der Dinge, Natur. Doch vielleicht kann ihm das mit mir wirklich eine Weile reichen. Vielleicht kann *ich* ihm genügen. Und sagte: »Dann warte doch mit dem Richtige-Freundin-Finden. Sei noch ein bisschen mit mir.« Und er sagte: »Genau das hab ich vor.«

Paolos Mund zuckte, als seine Hand meine Wade hinaufglitt. Ein ungewohntes Gefühl, so ein haariges Frauenbein. Gibt es nicht, kennt er nicht, kennen die wenigsten. Die Frauen in seiner Welt enthaaren sich Beine, Achseln, Vulven, machen sich zu zarten kleinen Mädchen. Was haben wir darüber gestritten, früher. Für mich ein Rollenklischee, dem ich mich seit Jahren verweigerte, für Paolo eine Frage der Ästhetik. »Ich rasiere mich doch auch«, sagte er, was stimmt, auch er macht seinen Körper zu dem eines Jungen, noch mehr, als er es bereits von Natur aus ist, keine Haare unter Armen, keine auf Bauch und Brust. Nur sein bloßgelegter Schwanz sieht ganz und gar nicht aus wie der von einem Kind. Je weniger drumrum passiert, desto mehr kommt er zur Geltung, Paolo kennt die Regel, wir alle kennen sie.

An diesem Abend aber stritten wir uns nicht darüber. Paolo legte seinen Zeigefinger auf meinen Mund, wo er einen Rest Lippenstift erwischte, fast das letzte bisschen, das noch nicht fortgeküsst war. »Du schminkst dich. Wenn dieses Rollenklischee für dich kein Problem ist, was spricht dagegen, dich zu rasieren? Ich würd's einfach gern verstehen.«

»Ich *liebe* meine Körperhaare! Warum sollte ich die entfernen?« Vielleicht ist das so bei uns, ich Natur und er Kultur?

»Kannst du dir denn vorstellen, das jemals wieder zu tun?«

»Niemals!«, rief ich und schoss kampfesmutig in die Höhe, und er packte mich und küsste allen Lippenstift für den Rest des Abends weg: »Das bist so du.«

Aber am nächsten Tag schrieb er schon das hier:

[**29.06., 13:37**] **Paolo:** Lustiger Gedanke, den ich heute Nacht hatte. Vielleicht finden wir ja eine Freundin für mich. Also WIR. Also eine, die du auch magst. Und die dich auch mag. Das wär crazy shit.

Und ich antwortete leicht und fröhlich: »Na klar, das wär'n Ding!«, aber dann musste ich mich hinsetzen, weil mein Herz raste, als ob es zu ihm hingaloppieren und ihm das Scheißhandy aus der Hand schlagen wollte. Bloß nicht bedürftig erscheinen, keine Anhänglichkeit zeigen, erst recht nicht, wenn eine Annäherung gerade erst begonnen hat – diese Regel kennen wir alle. Natürlich liegt darin ein Widerspruch: Um auch nur in die Nähe einer Beziehung zu kommen, müssen wir uns so distanziert und autonom wie möglich zeigen. Und es liegt in der Natur der Sache, dass wir dabei nur allzu gerne die Distanziertheit des:der anderen nicht nur übernehmen, sondern gar zu übertrumpfen versuchen.

Paolo hält mich auf Distanz, also mache ich das auch mit ihm. Lasse mir nichts anmerken. Halleluja.

—

Und dann beginnen schon die Sommerferien mit einem Besuch bei meinem Vater, in der Stadt, in der ich aufgewachsen bin. Für nahezu sechs Wochen müssen Paolo und ich uns verabschieden, erst ist mein Urlaub, dann seiner, als hätten wir es so geplant, nahtlos aufeinanderfolgend, damit wir uns möglichst lang nicht sehen müssen. Vielleicht ein Wink des Schicksals? Die letzten Wochen verbrachte ich im Delirium, wachte, wie vermutlich jede:r abartig Verliebte, in Gedanken mit ihm auf, schlief mit ihm ein, und dazwischen war er an meiner Seite. Ich sprang, wenn eine Nachricht von ihm auf meinem Display leuchtete, schenkte ihm jeden freien Abend, bei Gott, ich schickte ihm sogar in einem taubenblauen Umschlag eine Locke meines Haupthaars, damit er mich berühren konnte, selbst wenn ich nicht bei ihm war. Kurz: Ich bin dabei, mich in ihm aufzulösen.

Es wird Zeit, dagegen anzugehen. Und ich habe auch schon einen Plan.

X

Johnny

Was habe ich in den Jahren nach unserer Trennung nicht alles versucht, um mit ihm in Kontakt zu kommen. In den ersten Wochen knutschte ich mit ein paar seiner Freunde herum, halb, um ihn eifersüchtig zu machen, halb, um ihm nah zu sein. Mit einem schlief ich sogar aus lauter Verzweiflung. Johnny zuckte nicht mit der Wimper. Später, als ich schon längst in einer anderen Stadt wohnte, hinterließ ich meine Nummer an der Theke seiner Lieblingskneipe. Er rief nicht an. Ein paar Jahre danach schrieb ich ihm auf Facebook, diesmal einfach so, aus Neugierde. Er blockierte mich.

Aber nun folgt er mir da mit einem nagelneuen Profil. Sein erstes Bild ist zwanzig Jahre alt. Ich habe es gemacht. Das weiß ich genau, obwohl in meiner eigenen Fotosammlung kein einziges Bild aus der Zeit mit ihm zu finden ist. Ich hab sie alle weggeschmissen. Kann mich noch gut dran erinnern, wie ich nachts mit irrem Blick und nur einem Bademantel bekleidet vor dem Haus meiner Mutter stand, den Mülltonnendeckel aufschlug und meinen Papierkorb leerte. Hinein flatterten Fotos, Briefe, Tagebücher, die Nummer war vorbei, für immer aus. Was hatte ich mich erniedrigt, was hatte ich gebettelt, dass er zu mir zurückkommen möge! Jetzt würde ich meinen eigenen Weg gehen. Meine Vergangenheit – ausgelöscht. Meine Zukunft – smaragdgrüne Haare und ein Lauf bei den Boys. Oder was ich dafür hielt.

The first cut is the deepest, das muss er wissen. Er war der erste Typ, an dem ich länger als ein paar Wochen Interesse hatte, meine erste große Liebe, und er blieb sie auch noch viele Jahre, nachdem wir alles vor die Wand gefahren hatten. Ich denke selbst heute an ihn, wenn ich Tom Waits höre. Oder Blondie. Oder überhaupt irgendwas. Ich denke an ihn, wenn ich Henry Thoreau lese. Oder Charles Bukowski. Oder überhaupt irgendwas. Ich denke an ihn, wenn ich schreibe.

Jetzt, mit den Kindern zu Besuch bei meinem Vater, in der Stadt meiner Kindheit, setze ich eine Nachricht an ihn ab, nett und unverfänglich, will ja keine Pferde scheu machen.

Klar trifft er mich, schreibt er nur wenige Minuten später. Morgen könne er leider nicht, da sei er mit seiner Freundin zum Essengehen verabredet, übermorgen seien sie beim Tierarzt, der einäugige Hund halt, das müsse ich verstehen, aber Ende der Woche, da sei ein kleines Getränk womöglich drin. Nachdem er ungefähr weitere zweiunddreißigmal erwähnt hat, dass er eine Freundin hat (alles klar, Johnny, ich hab's kapiert), verabreden wir uns auf dem alten Friedhof, einem stillen, aus der Zeit gefallenen Ort mitten in der Stadt. Mir kommt es vor, als würde sich der Friedhof mitsamt seiner Pforte immer nur für mich persönlich materialisieren und sofort wieder verschwinden, sobald ich meinen Fuß auf den Bürgersteig gesetzt habe. Meine Freundin Chris und ich hatten inmitten der altehrwürdigen Platanen und Grabsteine im Sommer unsere Freistunden verbracht, zwei sechzehnjährige Gruftie-Mädchen auf dem Friedhof – abgedroschen, da muss man nichts beschönigen. Und dann, nachdem ich Johnny kennengelernt hatte, nahm ich ihn dahin mit für unser erstes Date.

Das mit uns beiden begann an einem lauen Sommerabend, gleich neben der Tischtennisplatte vom JuZe. Irgendeine Punkband sollte später noch spielen, Chris und ich waren wie immer schon ein bisschen früher am Start. Die JuZe-Konzerte holten die große weite Welt in unser Kaff, die Leute kamen extra aus den umliegenden Großstädten (was ich nicht verstehen konnte), und die Bands teilweise sogar aus dem Ausland. Na ja, und dazwischen halt wir beide. Ich tat so mondän wie möglich: Zerrissene Strumpfhose, Minirock, Spitzentop, schwarz gefärbte Haare, weißer Puder.

Hatten wir selbst gemischte Grüne Witwe mitgebracht oder tranken wir Billo-Sekt halbtrocken direkt aus der Flasche? Jedenfalls waren wir schon ziemlich dicht, als wir beschlossen, eine Gruppe rauchender Punks um Gras anzuschnorren. Ich pickte mir den Schönsten von ihnen raus: Groß, dunkelhaarig, ordentlich frisierter Iro. Und fragte: »Monsieur, würden Sie mit uns teilen?« Ich sag ja, erlesen bis zum Anschlag.

Am Ende des Abends küssten wir uns, und wenn das ein Film gewesen wäre, dann hätte sich die Kamera um uns gedreht und jede:r hätte verstanden, dass hier etwas Großes begann. Aber es waren nur wir zwei, nachts allein auf der leeren Straße, und wir ahnten absolut gar nichts. Wir ahnten nicht mal was, als wir uns eine Woche später in der Abenddämmerung mitsamt ein paar Flaschen Bier auf dem Friedhof wiederfanden, ich sogar in einem Rock ganz ohne Höschen, weil ich im Buch *Die Satanische Hexe* gelesen hatte, dass das den Sexappeal erhöhen würde – ganz einfach, weil das Unterbewusstsein jedes Typs den Geruch deiner Pussy wahrnimmt.

Genauso hab ich mir das heute mit uns vorgestellt, er und ich und ein paar Flaschen Bier. Nur vielleicht ohne das Rumgeknutsche, bei dem ich Schlieren der Erregung auf seiner Hose hinterließ, denn er hat ja, wie er nicht müde wurde zu erwähnen: eine Freundin. Genervtheit kriecht aus meinen Eigenweiden, als ich, mit vier Flaschen Pils im Jutebeutel klappernd, an der Wohnung vorbeispaziere, in der wir damals bald darauf lebten. Das hässlichste Loch, das ich je zu Gesicht bekommen habe; welliges Linoleum, Holzimitat statt Decken, stinkende Abflussrohre und das Beste: im schlauchförmigen Wohnzimmer, das gleichzeitig auch Küche und Flur darstellte, kein Fenster, sondern nur ein Lichtschacht in Richtung Dach. Die Miete war schon für damalige Verhältnisse ein Witz, und dennoch so, dass wir sie uns nur mit Ach und Krach leisten konnten. Der Vermieter hatte uns asoziales Punkpaar natürlich nicht gewollt, aber weil dem Typ, den er als Mieter vorgesehen hatte, plötzlich eine Vaterschaftsklage ins Haus geflattert war, bekamen wir, die Einzigen, die verzweifelt genug für diese Absteige waren und dazu noch unverschuldet, den Zuschlag. Nur logisch, dass wir uns irgendwann gegenseitig an die Gurgel gingen, die Wohnung lud geradezu dazu ein, noch etwas tiefer zu sinken, als man sich ohnehin schon befand.

Aber das ist es nicht, was mich mit Missmut erfüllt. Sondern seine Abwehr. Als ob ich es drauf anlegte, mit ihm zu schlafen. Als ob ich irgendein Lüstling wäre. Meine Fresse. Das hier ist kein Sexdate, es geht um alte Zeiten. Wie ein Klassentreffen beispielsweise. Da würde doch auch niemand auf die Idee kommen zu sagen: »Gut, widerwillig bin ich dabei, aber wisset: Ich habe eine Freundin!« Und während ich mich innerlich so echauffiere und gleichzeitig die Aufregung über das bevorstehende Wiedersehen mit meiner ersten Liebe durch meinen Körper wallt, summt mein Handy.

[16.07., 18:23] **Johnny:** Friedhof ist mir doch ein bisschen zu sehr drüber. Kannst du in ner Stunde am Bahnhof West sein?

»Arschloch«, schimpfe ich. »Arschloch, Arschloch, Arschloch!« In ner Stunde erst. Bahnhof West, ganz woanders. Ich schaue auf die Uhr. Wie lange kann ich wohl die Kinder meinem Bruder überlassen? Sie haben eine Tüte voll Chips und Fanta bekommen und wollen *Die nackte Kanone* sehen – was Ernährung und Bildungsprogramm angeht, hab ich also keine Zweifel. Aber das Zubettbringen könnte sich als schwierig herausstellen, da sind die kleinen Racker dann manchmal erstaunlich zäh, wenn wir Eltern fehlen und sie nicht zu Hause sind. In letzter Sekunde um eine ganze Stunde und an einen anderen Ort verschieben. Denkt Johnny, er ist der Einzige, der ein Leben hat?

Trinke ich eben das erste Bier allein, trotz allem auf dem Friedhof. Ich öffne die Flasche am Zaun und setze mich unter die Platanen. Nichts hat sich hier verändert im Gegensatz zum Rest der Stadt, in der kein Stein mehr auf dem anderen geblieben zu sein scheint. Grabsteine moosig, Gras wuchert, Vögel singen. Und niemand zu sehen. Eine göttliche Ruhe vor dem Menschlichen hat man hier. Vielleicht ist es sogar gut, hier ohne Johnny zu sein und Zeit für Erinnerungen zu haben. Nicht unvorbereitet in ihn reinzufallen, wie es sonst passiert wäre. Schließlich komme ich gerade von einem Ausflug mit meiner Familie in den Streichelzoo. Noch immer bin ich ganz wirr im Kopf von all den hungrigen Ziegen und Schafen und schwitzigen, Eis leckenden Besucher:innen und von nach Karussell und Zuckerwatte schreienden Kindern, und dann hatten wir eins im Getümmel verloren und erst am anderen Ende des Geländes wiedergefunden ... Nach solchen Ausflügen braucht man eigentlich immer einen Tag Urlaub. Oder wenigstens ein kühles Bier allein unter Platanen.

Wir waren quasi sofort ein Paar geworden, Johnny und ich. Anfangs wurde er noch von seinen Freund:innen damit aufgezogen, dass er mit seinen siebenundzwanzig mit einer Sechzehnjährigen abhing, und so richtig für voll wollte mich auch niemand von ihnen nehmen, aber von nun an war ich dabei. Nahezu stumm und voller Bewunderung für all die erwachsenen Punks und ihren arschcoolen Lifestyle, aber dabei. Wir pogten auf Konzerten, betranken uns vor Bars, vor allem aber sahen wir dabei unfassbar gut aus. In einem Secondhandshop fanden wir eine schwarz-weiß gescheckte Kaninchenfelljacke, die Johnny mit weißem Puder, schwarzem Kajal und rotem Lippenstift kombinierte. Seinen Iro stylte er jeden Tag aufs Sorgfältigste, auf keinen Fall durfte das Ding hängen wie bei den Asseln von der Straße, solch einen Mangel an Stil hätte er niemals toleriert. Wenn man ihn so anguckte mit all seinen Ketten und Nieten und Totenkopfringen, wusste man nie so genau: Ist er jetzt ein Schläger oder geht er auf den Transen-Strich?

Ich, das kleine Mädchen aus der Vorstadt, war verrückt nach ihm.

Später, als wir schon zusammenwohnten, brachte ich Monate damit zu, seine stetig wachsende Plattensammlung durchzuhören und mir eine musikalische Grundbildung draufzuschaufeln. Ich lernte alles über Johnny Cash, Social Distortion und die Sex Pistols, aber selbst für Nena, Tom Petty und Bruce Springsteen war sich Johnny nicht zu schade. Für mich, die ich bis dahin nur Schubert-Arien aus dem heimischen Wohnzimmer und die Raubkopien der lokalen Alternativ-Größen aus meinem Gymnasiast:innen-Umfeld kannte, eröffnete sich ein ganzes Universum. Natürlich spielte er in einer Punkband, Bass nämlich, das hatte er sich selbst beigebracht, »ist so einfach, das kann jeder Idiot«. Die Band war schlecht, aber Johnny schrieb immerhin einen verzweifelt-schnulzigen Song für mich, der kein bisschen verzweifelt-schnulzig klang, weil eben Punk. Gerade noch mal Glück gehabt.

Und dann der Sex. Konnte man das überhaupt noch Sex nennen oder musste man sagen: unsere kosmischen Vereinigungen? Johnny wusste alles über ihn, ich hingegen nichts, aber er hatte ja auch elf Jahre mehr Erfahrung vorzuweisen. Was er jedenfalls mit meinem und seinem eigenen Körper völlig schambefreit anstellte, lag außerhalb von allem, was ich für möglich gehalten hatte. Emsig machte ich mich daran, seinen Vorsprung wettzumachen. Las unter der Woche Klassiker wie *Kamasutra* und Lou Paget, um es am Wochenende so richtig krachen zu lassen mit den Pornos, die Johnny uns in der Videothek besorgte – ich konnte ja leider nicht wegen noch nicht erreichter Volljährigkeit. Kurz, mit ihm lernte ich nicht nur, einen Plattenspieler zu bedienen, sondern auch Schwänze, Mösen, alles. Und erwarb einen ausgeprägten Sinn für Stil, natürlich.

Umso mehr hatte ich mir vorhin Gedanken über meine Kleidung gemacht. Wollte immer noch ein bisschen wild aussehen, nach damals halt, aber eben auch nicht so, als würde ich versuchen, was zu sein, das ich nicht mehr bin.

Meinen gesamten Kofferinhalt hatte ich auf dem Boden verstreut, nichts wollte mir genügen, alles schrie mich an, ich sei so bürgerlich geworden, lächerlich geradezu. Früher lachten wir über die Spießer:innen mit ihren ordentlich geschnittenen Haaren und ihren teuren Uhren und ihren Versicherungspolicen gegen das Leben, heute sehe ich selbst wie eine aus. Wer hat mir diesen ganzen beigen Leinenkram eingepackt, wer die Sandalen mit den goldenen Schnallen? Wo wollte ich hin, an die Côte d'Azur?

Als ich so an meinem Unterkörper runterschaue, beschließe ich sofort, die nächste Flasche aufzumachen. Ich bin viel zu gut angezogen, vielleicht hilft leichte Alkoholisierung ja, mein Unbehagen darüber zu vergessen? Das inzwischen warme Bier lässt mich an meinen Vater denken, der das in Erkältungsfällen empfiehlt. Das und Sauna. Es schmeckt ekelhaft, ich stürze es runter, so schnell ich kann. Ein leises Lachen entfährt meinem Mund. Immer, wirklich immer habe ich Angst, prekär zu wirken, dass man mir Armut ansieht, mangelnde Manieren. Heute, mit Johnny, ist es genau andersherum: Bloß nicht zu arriviert wirken. Dabei war er doch derjenige, der stets behauptete, es ergebe keinen Sinn, vor anderen gut dastehen zu wollen. »Ist doch egal, was die von dir denken«, war seine Antwort, wann immer ich auch nur einen Gedanken daran verschwendete. »Ist doch egal«, macht seine Stimme in meinem Kopf, als ich von der Bank springe und zur Haltestelle fliege, und als ich grinsend in der Straßenbahn sitze, macht sie es immer noch.

[**16.07., 19:24**] **Johnny:** Fuck. Kriege gerade Nachricht, dass unsere Wohnung vollläuft. Rohrbruch bei den Nachbarn. Keine Chance, muss nach Hause, sorry!

Drei Minuten, bevor ich da bin. Der will mich doch verarschen. Wie scheiße kann man sein? Hätte er nicht einfach sagen können, dass er nicht will? So wie Felix: Hör zu, ich bin noch sauer. Ich verstehe nichts mehr. Ratlos stehe ich auf dem Bahnsteig, während um mich herum alles zielstrebig Richtung Treppe läuft, bis ich allein bin, allein mit einer zerrupften Taube, die um die Mülltonnen herumläuft und offensichtlich nichts mit sich anzufangen weiß. Wir zwei beiden. Wie von selbst greift meine Hand nach einer neuen Flasche, drückt ihren Verschluss gegen die metallene Kante einer Tonne, der

Kronenkorken fliegt in Richtung Tier, und schon ist es weg. Nicht mal dieses hässliche Ding will bei mir bleiben. Und ich bin auch noch selber schuld.

»Hallo«, ruft Paolo mir entgegen. Er klingt fröhlich, als hätte er nur darauf gewartet, dass ich ihn anrufe. Also fange ich an zu erzählen, ich allein mit all dem Bier, das ich ja eigentlich mit Johnny trinken wollte, immer noch auf dem Bahnsteig, an dem er mich nicht abholte.

Vielleicht triefe ich vor Selbstmitleid. Vielleicht erwarte ich, dass Paolo mich da rausholt. Doch nach einigen Minuten unterbricht Paolo mich. »Du, Marius ist gerade da. Wir sind schon ziemlich angetrunken!« Marius, sein Freund, der Fotograf. Lachen aus dem Hintergrund, irgendwer klirrt wie absichtlich mit einem Glas. »Wir machen Fotos, für Tinder.« In Paolos Stimme solches Vergnügen, solche Vorfreude, solch ein Rausch.

»Für … dich jetzt?« Wie gerne hätte ich meine Überraschung verborgen, wie gerne wäre ich souverän aus diesem Gespräch rausgekommen, aber: unmöglich. Nicht nach dieser Abfuhr von Johnny jedenfalls. Ich bin verwundet, und Paolo tritt noch hinterher, dorthin, wo es am meisten wehtut. Finde keine Worte mehr, nur fetzen-, silbenweise schaffe ich es, mich zu verabschieden. Ein bisschen sitze ich noch so da, dann mache ich mich an die letzte Flasche.

Klar ist er auf Tinder. Was hatte ich denn gedacht? Kein Single, den:die ich kenne, ist *nicht* da, oder zumindest bei irgendeinem Schwesterverein. In Bars rumstehen und Leute anlabern war gestern. Heute wischt man nach links und fühlt sich geil dabei, jedenfalls als Frau: »Den nicht!« Als Mann hingegen freut man sich über jedes noch so halbherzige Match. Wie es da wohl läuft für Paolo? Er schickt ein Foto mit einem albernen Gesicht, Marius muss es gerade gemacht haben. Ich hasse es. Und antworte nicht.

[16.07., 20:07] **Paolo:** Das ist schon ein interessanter Moment. Du rufst an, und ich wär so wahnsinnig gerne nur für dich da gewesen. Meine Situation ist jedoch das genaue Gegenteil. Das tut mir leid. Aber irgendwie muss das auch o. k. sein. Hm.

Was ich eigentlich sagen wollte: Ich bewundere deinen Mut. Ideen einfach umzusetzen. Das Risiko einzugehen. Das ist stark.

»Fahr zur Hölle. Auf keinen Fall werde ich dir antworten«, denk ich. Mir kommt der Gedanke, stattdessen eine gewisse Person anzurufen, eine, die ich unter gar keinen Umständen anrufen sollte, weil ich ihretwegen schon genug gelitten habe, und zu hören, wie es ihr geht. Aufmerksamkeitsdefizit mit Aufmerksamkeit von anderer Stelle bekämpfen war schon immer meine Stärke. Doch zum Glück erinnere ich mich an Dr. Kauz' weise Worte (»Wenn es Ihnen schlecht geht, sollten Sie in der Lage sein, damit zurechtzukommen, ohne einen Mann hinzuzuziehen« – LOL, dabei ist er doch selbst einer) und verwerfe den Gedanken sofort wieder. Ach, mein liebster Dr. Kauz. Mein regelmäßiges Verweilen auf seiner Couch als Teil einer Ratgeber- und Selbsthilfekultur diagnostiziert Eva Illouz als Ergebnis einer fundamentalen Unsicherheit, die die Kapitalisierung des Datingmarktes über uns gebracht hat: »Die psychologische Selbststeuerung ist nichts anderes als der Umgang mit einer allgegenwärtigen Unsicherheit in zwischenmenschlichen Beziehungen, in denen sexuelle Freiheit und Lust, die beide der Grammatik und Semantik des Marktes gehorchen, gegen psychische Gewissheit eingetauscht worden sind.«

Wir haben die Freiheit, jederzeit zu gehen, sind einander zu nichts verpflichtet. Aber genau das schürt eine tiefe Unsicherheit in uns, weil wir keine Vorstellung davon haben, wohin es geht. Und ob es ein Wir morgen überhaupt noch geben wird.

[16.07., 20:24] **Paolo:** Bin sehr neugierig darauf, was dich an dem Tinderding beschäftigt.

Was mich an dem Tinderding beschäftigt? Ist doch klar! Ich kenne Paolo: Es geht ihm, im Gegensatz zu vielen anderen, dort nicht um ein bisschen Freizeitsex. Ich weiß, mit welcher Energie er in Beziehungen geht; er ist Typ Ganz-oder-gar-nicht, ein Volles-Rohr, das weiß er selbst. Wofür würde er sich entscheiden? Für das eine oder das andere? Beides würde er nicht schaffen, eines, *eine* müsste Vorrang haben. Und selbst wenn nicht, da muss ich ehrlich sein, da hab ich keine Größe: Ihn zu teilen kommt mir so widernatürlich vor, als würde er mir vorschlagen, einen meiner Arme zu verleihen, ihn einer anderen Frau zu geben, damit sie auch was davon habe. Oh, was tadele ich mich in Gedanken für mein Besitzdenken, für mein Für-mich-allein-haben-Wollen! Ich kann großartige Reden schwingen über Freiheit, die eigene und die der anderen, und ich schwöre euch, ich meine das alles so, kann das problemlos leben. Aber wenn ich verliebt bin, und ich meine nicht ein bisschen, sondern so rasend wie in Paolo, dann fühlt sich Teilen an wie ein Gewaltakt. Ich könnte heulen wie eine Dreijährige.

»Alles, was du mir anbieten kannst«, hat Paolo bei einem unserer letzten Treffen gesagt, »ist, dass ich mich dir ganz und gar hingebe und du dir ab und zu ein Stück Fleisch aus mir rausschneidest und mit dir forträgst.«

Da saßen wir auf seinem roten Samtsofa und waren traurig wegen all der Ausweglosigkeit. Jetzt will er sich im Gegenzug ein Stück Fleisch aus mir herausschneiden, und er will es nicht mal für sich allein behalten, nein, er will es jemand anderem zum Fraß vorwerfen. Und recht hat er ja, ganz gebe ich mich ihm nicht, ich bin und bleib verheiratet, auch wenn das, was zwischen Julius und mir besteht, ganz etwas anderes ist.

»Inwiefern?«, hat Paolo gefragt, und ich konnte es ihm erklären. Seit elf Jahren gibt es diese Liebe, eine Ewigkeit, für meinen Maßstab jedenfalls. Sie hat Geburten überstanden und Todesfälle, Affären, Abstürze und Ausbrüche, Sexflauten und -explosionen, Pleiten und Geldregen, Du-hast-alles-ich-hab-nichts und dann noch mal andersherum. Diese Liebe ist ein Fels, nichts kann ihr etwas anhaben. Nicht einmal die Freiheit, mit jemand anderem im Bett zu liegen und mir vorzustellen, das wär auch morgen noch so. Die Sache mit Paolo kann diese Liebe nicht verdrängen. Niemals wird sie fordern, dass er geht, niemals wird sie uns mit Eifersucht strafen, nie Vergleiche anstellen, nie ihn wegwünschen, niemals diskutieren, handeln, streiten. Die Frau aber, die Paolo bei Tinder oder sonst wo trifft, die wird sich nicht freuen, in seinem Herzen nicht allein zu sein. Habe ich schon erlebt, brauche ich nicht wieder. Und ich, würde ich das kampflos aushalten können, er frisch verliebt, nur nicht in mich? Und was würde ihn dann noch bei mir halten? Wir haben keine elfjährige Geschichte.

So, wie es jetzt ist, dürfen wir sein, so lang wir wollen. Natürlich, meine Ehe verweist diese Liebe auf ihren Platz, und das ist die Ungerechtigkeit in all dem, ich weiß das doch, ihr braucht nichts sagen. Geliebter ist man nicht auf ewig.

X

Johnny, immer noch Johnny

Ich hätte essen sollen, das merke ich leider deutlich, als ich mich von der Bank erhebe. Schwanke ich? Oder schwanken meine Gedanken? Egal, wir passen zusammen. Irgendjemand hat mir Mut bescheinigt, Ideen einfach umzusetzen, und genau das werde ich jetzt tun! Wenn Johnny sich schon nicht mit mir zusammen erinnern will, mach ich das eben alleine. Meine Füße wissen genau, wohin sie müssen, und gehen Richtung *Jägerhof*. Hier hingen wir damals immer rum, im Sommer draußen, im Winter drin. Genau hier kotzte ich zwischen die parkenden Autos, an diesem einen Abend, als es schon vorbei war zwischen uns und ich nichts lieber wollte als ihn zurück, und er nicht hier war, sondern nur Alex, der mir Whisky an der Bar spendierte, so lange, bis ich brechen musste.

Eigentlich hatten wir heiraten wollen, sobald ich achtzehn wäre. Was man halt so macht, wenn man füreinander die einzig wahre Liebe ist, forever and ever, wenn man Wir-gegen-den-Rest-der-Welt ist, Sid and Nancy, Johnny and June, Bonnie and Clyde, sucht euch was aus, wir waren sie alle. Die Sache hatte nur einen Haken: Johnny war verheiratet. Und so eine Scheidung braucht nun mal eine Weile. »Warum habt ihr überhaupt geheiratet?«, hatte ich in kindlicher Naivität gefragt und Johnnys Antwort kein bisschen merkwürdig gefunden: Er habe sich überrumpeln und überreden lassen. Landet man aus Versehen in einer Ehe?, frage ich mich heute. Genauso wie ich nicht verstehe, wie man bei einem Autohändler anheuern kann, wenn man für Rock'n'Roll ist und gegen alles, was so ein Bürojob bedeutet – im Innendienst natürlich, nach Außen konnte man so jemanden wie Johnny ja schlecht schicken, aber seine Stimme, die war top fürs Telefon, das sagten sie alle, die Kund:innen waren sehr zufrieden.

Als ich nun endlich achtzehn war und die Scheidung durch, zweieinhalb Jahre müssen da seit der Nacht an der Tischtennisplatte vergangen sein, da war uns schon gar nicht mehr nach Heiraten zumute. Ich war rausgewachsen aus dem Punkding, eng kam mir diese Welt mit einem Mal vor und klein, aber das Schlimmste: Johnny fing an, mich zu langweilen. Ich wollte was erleben, Neues, raus, aber Johnny wollte gar nichts mehr so richtig, außer halt das Alte, das, was es schon immer gab, und davon nur ein müdes bisschen. Heute würde ich sagen: Baby, du hast 'ne Depression, lass uns dir Hilfe holen. Damals sagte ich: Hoppla, ich hab mit ein paar anderen geschlafen.

Vor dem *Jägerhof* ist eine Menge los, Freitagabend halt, Stimmengewirr, Bierflaschen, Gelächter. Das Publikum ist jünger als damals, vermutlich bin aber einfach nur ich alt geworden. Keine Punks mehr, jedenfalls keine, die es volle Pulle durchziehen würden, ein Zitat höchstens mal hier, mal da. Gibt es überhaupt noch Subkulturen heute? Ich bin so völlig raus aus allem, ich, in meinen rentnerbeigen Leinenhosen und meinem strahlend weißen Hemdchen, die absolute Peinlichkeit. Kurz erschrecke ich, weil ich den Eingang nicht mehr finde, das Schild hängt noch da, aber die Tür ist zugemauert, doch dann gehe ich um die Ecke – und sehe: »Alex!«

Augenblicklich vergesse ich meinen Aufzug, denn Alex ist selbst auch nicht mehr der Frischeste, trotz der abgetragenen Jeans und der Chucks, die ihm wohl seine Jugendlichkeit bewahren sollen. Suchend hebt er den Kopf, ich dränge mich an all den Jüngelchen vorbei und falle ihm um den Hals. »Du bist hier!«

»… und du bist?« Er erkennt mich wirklich nicht.

»Katja. Ist zwanzig Jahre her. Johnnys Freundin, also, damals jedenfalls.«

Plötzlich Freude in seinem Gesicht. »Was für eine Überraschung. Kaum zu glauben! Was trinkst du? Whisky?«

Keine Ahnung, ob das mit dem Whisky so eine gute Idee ist, aber als wir ausgetrunken haben, hat Alex Johnny am Telefon. Und erwähnt mich freundlicherweise mit keinem Wort. »Komm doch rüber, Mann, du hast es nicht weit. Komm einfach, wir trinken einen. Haben uns schon ewig nicht gesehen. Ja, nur einen. Nicht lang machen, einfach nur ein bisschen quatschen.«

Als Johnny mich erkennt, will er umdrehen, das sehe ich schon von Weitem, dieses Zucken, das durch seinen Körper fährt. Aber er tut's nicht. Warum? Weiß der Himmel.

»Sehen wir uns also doch noch«, knurrt er und ringt sich ein Grinsen ab.

»Ich hol uns mal ein Getränk«, sagt Alex und verschwindet. Wir sind allein. Also, wenn man die Horden trinkender Menschen um uns herum nicht mitzählt. Johnny sieht müde aus, nein, erschöpft. Wie ein Mensch, der ein anstrengendes Leben hatte, oder einer, der immer, immer traurig ist. Groß ist er und schmal, genau wie damals, nur seine Geheimratsecken sind höher, die Falten tiefer geworden. Das Hawaiihemd ist ihm zwei Nummern zu groß, er trägt es offen über einem T-Shirt. Zitiert er absichtlich die Nullerjahre oder meint er es ernst? Aber noch viel wichtiger: »Warum bist du nicht gekommen?«

»Hab ich doch geschrieben, Rohrbruch, wirklich. Wir haben Wasser geschippt bis gerade eben.«

Ich lass das stehen, obwohl ich ihm kein Wort glaube. Hauptsache, er ist hier, wenn auch nur durch Alex' Falle. Ich sag doch: Jägerhof it is.

»Hast du noch das Tattoo?«, frage ich.

»Klar, hier.« Johnny grinst, zieht den linken Ärmel hoch und offenbart ein vollbusiges Pin-up-Girl, das ein Spruchband reitet. Aufschrift: »Katjuscha«, geschrieben in Kyrillisch natürlich, so viel Authentizität musste schon sein.

Ich kreische vor Lachen, vielleicht einen Tick zu laut, der Pegel halt. Was waren wir bescheuert. Dachten wirklich, das zwischen uns würde ewig gehen, einfach so, ohne dass wir irgendetwas dafür tun müssten. Ein albernes Tattoo, ein paar Treueschwüre, das war alles, was uns einfiel. Wir wussten nichts über die Liebe.

Alex drückt uns je eine Flasche Bier in die Hand und verschwindet wieder in der Menge. Johnny reicht seins weiter an mich. »Ich trinke nicht. Seit ein paar Monaten schon.« Stattdessen dreht er sich eine Kippe.

Nun habe ich in jeder Hand eine Flasche, lange geht das nicht mehr gut. Muss mich beeilen, bevor mein Mageninhalt wieder zwischen irgendwelchen Autos landet.

»Die letzten Jahre gab es kaum einen Abend, an dem ich nicht betrunken war«, erklärt er. »Der Alkohol hat seinen ganzen Spaß verloren, was geblieben ist, ist Sucht. Da habe ich endlich, endlich keinen Bock mehr drauf. Dazu kommt eine Menge Psycho-Shit. Angststörung, Traumafolgestörung, Anpassungsstörung, das Füllhorn aus ICD-Nummern quillt bei mir über. Der Alkohol hat nichts davon besser gemacht.«

»Scheiße.« Mehr fällt mir nicht ein. Es tut mir wirklich leid. Um ihn vor allem, aber auch um sein Talent. Früher war Johnny Kunst, er sah nicht nur so aus, er war sie auch in jeder Hinsicht. Er schrieb Kurzgeschichten, Alltagsbeobachtungen, Songtexte, wollte Schriftsteller werden, Romane schreiben, ganz was Großes. Er wollte was vom Leben. Heute wirkt er stillgelegt, wie ein Ort ohne Möglichkeiten, früher prächtig, heute hin, nicht mehr zu retten.

»Du hast mich mal bei einem unserer Treffen von Weitem gesehen, ohne dass ich das mitbekommen hatte. Du meintest damals, ich würde immer so verloren wirken, und das traf den Punkt so perfekt, dass ich das leugnen musste. Aber so war es, ich war vollkommen überfordert von der Welt, verloren und verzweifelt. In gewisser Weise ist das noch heute so. Ich bin nur froh, dass ich meine Freundin habe. Keine Ahnung, was ich ohne sie machen würde, echt, seit fünfzehn Jahren nicht.«

Und da begreife ich: Die Freundin war kein Schutz gegen mich persönlich. Die Freundin ist ein Schutz gegen die Welt. Und diesmal bin ich diejenige, die in den Arm nehmen und trösten möchte, aber ich tu's nicht, aus Gründen der Pietät. Kann nicht einschätzen, wie viel Nähe ihm jetzt wohl angenehm wäre. Wir sind Fremde füreinander, das spüre ich deutlich, und Grenzen verletzen will ich keinesfalls mehr.

Damals hatte ich ernsthaft gedacht, Johnny könnte mich retten. Rausholen aus den Streitereien mit meiner Mutter und dem Schweigen meines Vaters, raus aus der Angst, nicht geliebt zu sein. Alles gutmachen, was meine Eltern nicht geschafft hatten. Ich dachte, er wäre ein sicherer Ort für mich. Der Topos ist so platt wie ausgelutscht: Junges Mädchen kommt im Leben nicht klar, sehnt sich nach Rettung, flieht zu älterem Mann. Der kann natürlich auch nichts ausrichten. Was soll er schon machen? Wer sich als erwachsener Mann mit einem Teenie einlässt, muss selbst gewisse Schwierigkeiten haben.

Johnny wendet den Blick ab und beginnt, sich eine Zigarette zu drehen. »Ehrlich gesagt, ich erkenne mich da selbst auch nur schemenhaft wieder. Ich war irre verliebt in dich, das weiß ich noch. Alle stellten sich gegen uns, und wir: die einzig wahren Liebenden dieser Welt. Aber warum ich unseren Altersunterschied nicht infrage gestellt habe, kann ich auch nicht mehr sagen. Ich würd's ja unter Jugendsünde verbuchen, wenn ich nicht so alt gewesen wäre.«

»Wir waren ganz schön dumm damals. Ich meine, weißt du noch, wie ich abgehauen bin zu dir? Kein Wort hab ich meinen Eltern gesagt, bin einfach weg und bei dir eingezogen. Wir dachten echt, das könnte man so machen. Der Welt den Stinkefinger zeigen. Macht kaputt, was euch kaputtmacht.«

»Ich hätte alles für dich getan«, sagt Johnny. »Aber es war dir nicht genug. Irgendwann warst du fast jeden Abend weg, alleine feiern. Und dann stellte sich raus, du gehst fremd.«

Unser Ende. Ich erinnere mich kaum daran. Alles weiß ich noch vom Anfang, die Choreographie unserer Annäherung, jedes Detail hat sich in mein Hirn eingebrannt, für immer. Aber wie wir auseinandergingen und warum – höchstens Schatten.

»Vermutlich fühlten wir uns einfach scheiße, jeder für sich«, sagt Johnny. »Da haben wir dann auch nichts mehr ausrichten können.

Weißt du noch, wie du diese scheußlichen Selbstporträts gemalt hast: dein Kopf in einem Vogelkäfig? Und ich schrieb nur noch über Selbstmord. Wir fanden uns gegenseitig albern; prätentiös, wie wir unsere Verzweiflung demonstrierten.«

Wie sich die Dinge drehen können. Wir waren angetreten, die Welt zu erobern mit unserer großen Liebe. Zwei Jahre später wollte ich nur noch weg. Weg von der Traurigkeit, die uns umgab, weg vom Gewöhnlichen, in das sich unser anfänglicher Glamour bald verwandelt hatte. Melancholie nicht mehr als Zitat, sondern als Lebensgefühl. Große Visionen, aber keine Kraft für Wirklichkeit. Versinken im Kleinen, Alltäglichen: Was kochen wir morgen, wer putzt das Bad? Eine Resignation, die sich in vielen Langzeitbeziehungen über kurz oder lang einstellt.

Ich liebte Johnny als Menschen, aber ich liebte uns nicht mehr.

»Und du?« Ich will es wissen. Ich will wissen, warum Johnny damals nicht zu mir zurückwollte, hinterher dann, als ich bettelte, meine Ehre komplett vergaß, monatelang. Große Liebe hatte er mir versprochen und dann nichts mehr von mir wissen wollen, nachdem ich ausgezogen war. Mein heutiges Ich ist ganz auf seiner Seite, was sollte dieser Scheiß? Aber mein damaliges, das litt noch jahrelang daran, Johnny wirklich und wahrhaftig und für alle Zeit verloren zu haben. Was für ein Glück, dass uns die Leute hier nicht beachten, dass sie alle selbst mit ihren Zigaretten, Bierflaschen, Eitelkeiten beschäftigt sind. Sonst sähen sie, wie ich mich mit der Verzweiflung von damals quäle.

»Ich dachte wirklich, ich liebe dich. Aber als du raus warst aus meinem Leben, da hörte dieses Gefühl mit einem Schlag auf. Als ob es mit der Verantwortung verbunden gewesen wäre, die ich für dich übernommen hatte, als du von zu Hause abgehauen bist. Keine Verantwortung mehr für dich zu haben, bedeutete seltsamerweise auch, dass das Gefühl zu dir verschwand. Da gab es keinen Weg zurück.«

Ich erinnere mich plötzlich an was. Eine Szene wie aus einem Horrorfilm. Nach meinem ganzen Rumgevögel hatten wir uns der

Gerechtigkeit halber zu einer offenen Beziehung entschlossen, witzig eigentlich, wenn man mein Leben heute so betrachtet. Nur, dass ich damals alles andere als in der Lage dazu war. Denn als Johnny ein paar Tage später zur Tür hereinkam, nachdem er spontan die Nacht woanders verbracht hatte, war meine Wut so groß, mein Hass so übermächtig, dass ich ihn, in dem Moment, in dem er seine Freveltat gestand, besprang wie eine wilde Katze. Ich war nicht mehr geliebt, ich war nicht mehr die Einzige. Er hatte mich doch retten sollen, und jetzt rettete er nur sich selbst. Er ließ sich beißen, kratzen, treten, wich einer Weinflasche aus und ein paar Blumentöpfen, sprang dem Regal aus dem Weg, das ich auf ihn kippte, bis er mich niederrang und wir schwer atmend auf dem Boden liegen blieben.

»Das war's dann wohl«, sagte Johnny. Und dann teilten wir uns das letzte Bier aus dem Kühlschrank.

»Ich war ganz schön kaputt«, fasse ich zusammen. Kurz bin ich versucht zu erzählen, wie top mein Leben läuft inzwischen, wie erwachsen, aber ich reiße mich zusammen. Jagt nicht immer noch ein Liebeskummer den nächsten, zumindest im Moment? Bin ich nicht immer noch selten genug Herrin über meine Gefühle, und, wenn ich ehrlich bin, auch über meine Taten? Will nicht immer noch ein kleiner Teil von mir gerettet werden?

»Macht nichts«, sagt Johnny. »Schon verziehen.«

Entgegen aller Erwartungen kotze ich nicht an diesem Abend. Ich fühle mich sogar überraschend nüchtern, als ich den Weg zurück zu meinen Kindern antrete. Ja, Johnny war eine große Liebe, vielleicht sogar die größte, weil die Verzweifelste. Aber sie gehört in eine andere Zeit, und genau da ist sie am besten aufgehoben.

[18.07., 14:14] Paolo: Mir selber macht diese Stille nicht viel aus, ich bin bei dir. Ich hoffe nur, dass es nicht bedeutet, dass du weniger da bist.

Bin ich noch da, in diesem Hotel in den Alpen? Bin ich noch da, als ich mich mit Mann und Kindern in der sengenden Sommerhitze Berge hoch- und runterschleppe, das Herz am Anschlag? Bin ich noch da, als ich alberne Kunststückchen mit dem Wasserball im Pool probe und zähle, wie lange welches Kind unter Wasser bleiben kann?

Ich glaube nicht.

Ein-, zweimal versuchen Paolo und ich zu telefonieren, verheddern uns aber so schnell in Missverständnissen, dass wir es bald sein lassen. Ich hier, er da; zwischen uns liegen ein Bergmassiv, achthundert Kilometer und unsere Sehnsüchte nach Beziehung – nur dass sie sich nicht vereinbaren lassen. Noch immer schrecke ich hoch bei jedem Vibrieren meines Handys, warte auf Nachricht von ihm, auf irgendetwas Unmissverständliches, aber es kommt nicht. Irgendwann behauptet eins der Kinder, seine Mutter sei handysüchtig und könne es nachweislich keine Sekunde ohne aushalten. »Und ob ich kann!«, schnaufe ich und schalte im selben Moment die Kiste ab. Einfach so.

Ich bin wieder frei.

—

Paolo ist wütend, als ich, vollends erholt, das Ding zehn Tage später wieder in Betrieb nehme und ihn anrufe. Er hat sich Sorgen gemacht, war drauf und dran, Julius' Telefonnummer zu googeln und nachzufragen, ob ich noch lebe, als Nachricht um Nachricht nicht zugestellt wurde. Nennt mich egoistisch, unkalkulierbar, rücksichtslos. Mit allem hat er recht. Ich fühlte mich zurückgewiesen, also habe ich zurück zurückgewiesen. Hab nichts angekündigt, sondern bin einfach gegangen.

[01.08., 15:51] **Ich:** Entschuldigungen sind wohl zwecklos bei dir.

Pass auf: Ich hab keine Ahnung, ob du so ein lockerer Fick bist oder jemand, der bleiben wird. Ich hab keine Ahnung, wie viel Verbindlichkeit drin ist für uns. Wann du wieder entscheidest, dass du eigentlich doch keinen Bock auf mich hast.

Vielleicht bin ich auch noch ganz schön wütend auf dich, in der Tiefe.

[01.08., 16:00] **Paolo:** Entschuldigungen sollten nie einen Zweck erfüllen. Aber gut, wenn du wütend reagierst. Wird spannend, das auszugraben.

[01.08., 16:11] **Paolo:** Und ja, ich vermisse dich auch sehr.

[01.08., 17:54] **Ich:** Ich fühle mich so gelöst, jetzt, wo ich mir die Wut erlaube. So gelöst, dass ich sagen kann: Wenn du entschieden hättest, dass du mich nie wieder sehen willst, ich hätte mich vor deine Wohnungstür gesetzt und gewartet, bis du sie aufmachst.

[01.08., 18:04] **Paolo:** Ich hätte dich über ein Seil mit kaltem Crémant versorgt. Hab uns extra eine ganze Kiste besorgt von dem, der uns letztens so gut geschmeckt hat.

Er Crémant, ich Kondome, faire Aufteilung, finde ich, und wir einigen uns darauf, hier gleich nach seinem Urlaub anzusetzen. Doch einige Tage später, als ich bei Dr. Kauz liege, der genau wie ich braun gebrannt aus den Ferien zurückgekehrt ist, lande ich doch wieder bei meiner Wut. Was will ich eigentlich von ihm? Dass er um jeden Preis bleibt? Und wieso überhaupt? Ich bin doch schon verheiratet.

»Sie wollen, dass jeder Ihrer Männer Sie liebt, und zwar bedingungslos. So, wie ein Elternteil sein Kind lieben würde«, folgert Dr. Kauz aus meinen wirren Ausführungen. »Je mehr liebende Elternteile, desto sicherer können Sie sich fühlen. Das erklärt, warum Sie es, wie Sie erzählt haben, schwer haben, verantwortungsbewusst mit den Gefühlen Ihrer Partner umzugehen. Ein Kind sorgt sich nicht um den Gemütszustand seiner Mutter oder seines Vaters.«

Ich will aufbegehren, von meinem sehr wohl vorhandenen Verantwortungsgefühl berichten: Bin ich nicht sorgsam mit Julius? Stelle ich sein Wohlbefinden nicht immer wieder über meine eigenen Bedürfnisse? Habe ich ihn nicht an den Amazonas fliegen lassen, bereit, wochenlang allein mit drei Kindergartenkindern zu verbringen, nur damit er seinen Tapetenwechsel bekam? Kritisiere ich ihn etwa für die missratene Küchenunterschrankverblendung, die er seit Jahren nicht repariert? Widersetze ich mich seinem Bedürfnis nach Nähe, selbst wenn ich gerade meine Ruhe brauche? Ich glaube, ich bin ihm eine gute Partnerin. Eine erwachsene.

Aber von Liebe, da hat Dr. Kauz einen Punkt, kann ich nicht genug bekommen. Niemals kann sie meinem Durst genügen, könnte eine reichen, könnte ich mich sicher bei ihr fühlen. Wehe dem, an dessen Liebe ich zweifeln muss. Und dann weiß ich es. Endgültig. »Ich habe Angst, verletzt zu werden. Ich habe Angst, dass man mich verlässt.«

Den Rest der Stunde bleibe ich still.

Und als Paolos Flugzeug endlich wieder in der Stadt gelandet ist und er mich von zu Hause anruft, um mir das mitzuteilen, da habe ich schon längst beschlossen, Schluss mit ihm zu machen. »Zu den Strategien zum Schutze des Selbstwertgefühls gehört die Nichtwahl, der Rückzug aus einer (potenziellen) Beziehung, in der das Selbst, so zumindest seine Befürchtung, nicht hinreichend wertgeschätzt wird«, weiß Eva Illouz. »Oder anders gesagt: Der Rückzug ist ein performativer Akt, durch den sich die Akteurinnen ihres Werts versichern und einer potenziellen Abwertung vorbeugen.«

»Ich bin noch nicht so weit«, sage ich also vorbeugend mit den kalten Kacheln der Badezimmerwand in meinem Rücken. Das Bad ist mein Safe Space, niemand kann rein, was gesagt werden muss, kann raus. »Es ist so viel passiert in den letzten Monaten. Meine Krankheit, diese fürchterliche Trennung. Nichts davon habe ich wirklich verarbeitet. Vielleicht hab ich noch überhaupt nichts aus meinem Leben wirklich verarbeitet. Und immer hab ich Angst, dass du wieder gehst. Ich werfe dir das nicht vor, ich Wrack würde es einfach nicht aushalten können gerade.«

Lange ist es still bei Paolo, an seinem Ende. »Wenn du gehen musst, musst du gehen«, sagt er schließlich. Vielleicht weine ich noch ein bisschen vor mich hin, vielleicht sagt er so etwas wie »Am Ende rennen wir doch nur im Kreis und kommen wieder beieinander an«, vielleicht legen wir auf und stürzen in tiefen Schlaf, so tief wie lange nicht.

[**09.08., 08:56**] **Paolo:** Verdammt. Es tut mehr weh als gehofft, und ich bin wütender auf dich als erwartet. Aber ich glaube, das ist o. k. so.

[**09.08., 09:26**] **Ich:** Ich bin auch wütend. Hab die ganze Nacht darüber fantasiert, wie es wäre, zu dir zu fahren und dir eine runterzuhauen.

[**09.08., 09:28**] **Paolo:** Weil ich dieses Mal nicht scheiße zu dir war? Das ist ja komisch.

[**09.08., 10:16**] **Ich:** *Diese Nachricht wurde gelöscht.*

[**09.08., 12:50**] **Ich:** Nicht scheiße sein ist keine Heldentat.

[09.08., 13:25] **Paolo:** Natürlich nicht. Ich wusste nur nicht, dass es auch ein Grund ist, wegzurennen.

[09.08., 13:32] **Ich:** Ich find raus, was bei mir gerade passiert. Und dann reden wir.

[09.08., 14:06] **Paolo:** Lass dir Zeit. Ich bin hier.

X

Zoran

13 Uhr, Brandenburger Tor, Ostseite. Tourist:innen machen Fotos unter blauem Himmel, drängeln sich geschäftig um das Tor wie Ameisen, die, ganz pflichtbewusst, auch das hier erlebt haben müssen. Trotz des Gewimmels sehe ich Zoran schon von Weitem: breite Schultern, Oberarme, über denen das T-Shirt spannt, langes dunkles Haar, alles wie damals. Sechzehn Jahre hatten wir keinen Kontakt, sechzehn Jahre hatte es nichts gegeben, das wir uns zu sagen gehabt hätten. Deswegen bin ich überrascht über das, was sich in meinem Inneren breitmacht, kaum habe ich ihn in der Menge gesichtet: Freude. Wirkliche und wahrhaftige Freude. Fast springt mein Körper in die Luft vor lauter Streckung, wie ein Pfeil will er empor, ruft: »Hier bin ich!«, winkt mit ausgestrecktem Arm. Lachend laufen wir uns entgegen, Laute des Wohlwollens von uns gebend.

Zorans Umarmung ist fast ein bisschen zu fest, noch immer dreimal die Woche Muckibude also. Mit seinem Arm auf meiner Schulter dreht er mich zum Brandenburger Tor: »Lass uns das mal einen Moment gemeinsam angucken. Weißt du noch, wie wir hier angekommen sind?«

Genau hier standen wir am Tag nach unserem Umzug aus der rheinländischen Provinz, blickten gen Tor und wussten: Jetzt beginnt ein neues Leben.

Ich war zwanzig, hatte gerade Abitur gemacht, oder sagen wir eher: mich da durchgehangelt. Und Zoran, ach, es fällt mir schwer, das zu schreiben: der hatte seine Promotion in Politikwissenschaft abgeschlossen. Schon wieder so ein alter Sack, sechzehn Jahre trennten uns. Was ist nur los mit den Männern, die so gnadenlos tief nach unten daten? Fühlen die sich intellektuell nicht unterfordert? Oder stehen die auf genau so was? Kleine, unwissende Mädchen, deren Blick von schräg unten kommt, und die dankbar sind, irgendwas über das Leben lernen zu dürfen? Ich nehme mir vor, ihn das später zu fragen, wenn wir ein bisschen warm geworden sind miteinander. Wobei Zoran offensichtlich weniger Hemmungen hat als ich. »Und, habe ich mich verändert?«, fragt er und schiebt mich von sich weg, damit wir uns ganz genau angucken können. Ich verneine wahrheitsgemäß, das bisschen Alter halt, muss das extra erwähnt werden?, und bemerke, dass er noch immer Cowboystiefel trägt, die Neunziger leben in ihm einfach weiter, als wäre nichts gewesen.

»Ach komm, gib es zu, mein Gesicht ist voller geworden! So wie deins halt auch. Was soll man machen, Lauf der Dinge halt«, lacht er.

Ich überlege kurz, ob ich beleidigt sein soll, aber dann erinnere ich mich daran, dass wir irgendwann nicht mal mehr mit dem Defäkieren warteten, bis der:die andere das Bad verlassen hatte, was ich damals als durchaus ehrlich empfand. Und ehrlich ist Zoran eben immer noch. Vielleicht hat mein Gesicht wirklich schon bessere Tage erlebt. Überhaupt: Endlich mal einer, der sich nicht mit Händen und Füßen dagegen wehrt, mich zu treffen. Ich kann von Glück sagen, echt mal.

Im Café ein paar Meter weiter haben wir vor sechzehn Jahren schon gesessen und es nicht fassen können, dass wir jetzt in dieser irren Stadt leben. Aufbruch! Neuanfang! Freude! Doch verglichen mit damals wirkt Zoran heute irgendwie derangiert. Als er sich mit seinem Cappuccino an den Tisch setzt, entweicht seinem gestählten Körper jegliche Spannung, plötzlich sehe ich Sorgen und Schwere. »Ich hab mich vor ein paar Monaten von meiner Frau getrennt«, erzählt er. »Hab die Stimmung bei uns zu Hause einfach nicht mehr ausgehalten. Es war nur noch Stress, seit Jahren eigentlich schon. Und das mit der Professur, von der ich sicher war, dass ich sie bekommen würde, hat auch nicht hingehauen. Jetzt muss ich gucken, wie es weitergeht.« Akademiker:innenhaushalt, gesunde Kinder, abbezahlte Eigentumswohnung in bester Lage; Zoran weiß, dass er auf hohem

Niveau jammert. Aber wir beide wissen auch, wo er herkommt. Als Kind einer ungewollt schwanger gewordenen jugoslawischen Gastarbeiterin landete er in einem Kinderheim. Dass er es von der Hauptschule in die gymnasiale Oberstufe schaffte, studieren und promovieren konnte, grenzte an ein Wunder. Ich kenne niemanden, der so sehr hat kämpfen müssen, um zu bekommen, was er wollte. Und niemanden, der aus eigener Kraft so einen Aufstieg hingelegt hat. Die Familie seiner Mutter bestellte im ehemaligen Jugoslawien einen Acker, sie selbst machte nach ein paar Jahren Schule in einem deutschen Hotel die Betten. Und Zoran? Wird verdammter Hochschulprofessor.

»Ich werde das schon überstehen«, sagt er. Weil er schon immer alles überstanden hat. Armut, Anderssein, Ausgrenzung. Wer das hinter sich hat, den bringt auch eine Scheidung nicht um. »Was ich mich nur frage, ist, wie es sein kann, dass zwei Menschen, die sich mal geliebt haben, so feindselige Gefühle füreinander haben können. Sie war meine absolute Traumfrau, aber jetzt kann ich sie wirklich nicht mehr leiden, und das ist noch untertrieben.«

Ja, wer hat sich das nicht schon mal gefragt: Wie kann Liebe in Hass umschlagen? Doch nur unter traurigsten Voraussetzungen. Wenn die Enttäuschung über das gemeinsame Scheitern so groß ist, dass man sie nicht mehr selbst tragen kann, sodass man gezwungen ist, jemanden zu suchen, der:die die Schuld an allem auf sich nimmt; nicht freiwillig natürlich, die Schuld wird ihm:ihr übergestülpt wie ein Sack dem:der Todgeweihten über den Kopf gezogen wird, bevor er:sie das Schafott betritt. Verrecke!, will man ihm:ihr hinterherrufen, und oft macht man das sogar lieber, als sich damit abzufinden, dass es einfach nicht hingehauen hat – und man selbst garantiert seinen eigenen Anteil daran hatte. Auch ich hab das einige Male erlebt. Aber nicht mit Zoran. »Ich glaube, das mit dir war die entspannteste Trennung, die ich je hatte.«

»Absolut. Wir haben einfach irgendwann gemerkt, dass es nicht passt zwischen uns. Du warst super unzufrieden in unserer Beziehung, hast angefangen zu provozieren, Streit vom Zaun zu brechen, dich mit anderen zu treffen. Und ich hab mich von dir innerlich distanziert, das passierte von ganz allein.«

»Ja, das scheint mein Ding gewesen zu sein damals. Scheiße bauen statt reden. Ich war nicht glücklich mit uns, ich war überhaupt nicht glücklich, mit nichts auf dieser Welt. Aber ich konnte es nicht ausdrücken. Ich wollte immer einfach nur weg.«

So gerne ich Zoran mochte, ich war nie sehr verliebt in ihn gewesen. Was mir damals vielleicht auch gar nicht möglich war. Nach dem Trennungsfiasko mit Johnny hatte ich mich mit One-Night-Stands und Affären über Wasser gehalten, hatte sogar versucht, mich festzulegen, aber es nicht gekonnt, weil: Johnny! Niemand von ihnen war Johnny. Als mir aber Zoran in einem Club vor die Füße fiel, war ich fasziniert: Außen Jugo, innen Doktor, das Beste aus beiden Welten quasi, und ich wollte es unbedingt haben. Aber so richtig da sein konnte ich nicht. Ein halbes Jahr, nachdem wir uns kennengelernt hatten, liefen wir, wie Pärchen das eben machen, im buchstäblich goldenen Oktoberlicht Hand in Hand durch die Straßen, und ich dachte nicht daran, was für ein Glück ich mit diesem Typ hatte, nicht mal daran, was wir heute Abend wohl essen würden, nein, ich erinnerte mich daran, dass Johnny und ich uns genau heute vor einem Jahr getrennt hatten, und geißelte mich in Gedanken für diesen und alle anderen folgenschweren Fehler, die ich aus Unwissenheit begangen hatte. Ich hatte Johnny für mein Unglück verantwortlich gemacht, hatte erwartet, dass ich ohne ihn besser dran sein würde. Sogar einen neuen Namen hatte ich mir für mein neues Leben zugelegt und stellte mich überall nur noch als »Katja« vor. Doch nichts hatte geholfen. In Wirklichkeit war ich in diesem Jahr noch ein bisschen tiefer gesunken. Noch immer war ich unglücklich, aber hatte nicht einmal mehr meine Liebe. Alle Versuche, aus Zoran eine Art Ersatz-Johnny zu machen, scheiterten. Nicht mal Karten für ein The Cure-Konzert konnten mir helfen: Statt gemeinsam auszurasten, verließen Zoran und ich den Ort des Geschehens nach drei Songs genauso gelangweilt, wie wir gekommen waren. Immerhin hatten wir hinterher noch Sex auf dem Küchenfußboden.

»Irgendwann wolltest du dann aber doch über uns sprechen«, erinnert er sich, »ganz zum Schluss, und ich kann mich noch so gut daran erinnern, was ich in dem Moment für ein Bild von uns bekam. Ich sah uns wie zwei Züge, die auseinanderfahren. Und du sagtest: ›Du tust aber auch nichts dafür, dass unsere Züge zusammenbleiben.‹ Und das war die Wahrheit. Da war nichts mehr zu tun. Die Luft war raus, wir kamen an keiner Stelle mehr zusammen.«

»Du hast dann sogar meinen Umzugswagen gefahren, hast alle meine Sachen in die neue Wohnung hochgeschleppt. Wir kannten ja noch immer kaum Leute in der Stadt, die hätten helfen können.«

Der Kaffee ist ausgetrunken, also begleite ich Zoran rüber zum *Adlon*, irgendein Termin wartet da auf ihn. Großartig, wie selbstverständlich er sich, äußerlich immer noch Klischee-Jugo, in jeder Welt zurechtfindet, wie er nicht fragt, ob er passt, sondern einfach reingeht, so, wie er ist. Wie oft hatte ich mich für ihn geschämt, wenn er die bürgerlichen Codes nicht respektierte. Und ihn gleichzeitig dafür bewundert. Warum sind wir damals eigentlich keine Freund:innen geblieben? Im Gegensatz zu den meisten anderen meiner Ex-Beziehungen hätten wir das locker geschafft. Es gab ja kein wirkliches Drama am Ende, einfach nur die Einsicht: Das mit uns beiden wird nichts mehr.

»Du hattest ziemlich schnell einen Neuen«, sagt Zoran, »und bist da ganz abgetaucht, und ich lernte meine Frau kennen. Unsere Zeit war einfach vorbei, es gab nichts Gemeinsames mehr.«

Ein paar Monate nach unserer Trennung telefonierten wir. Er erzählte mir von seinem neuen Auto, ich erzählte ihm von dem Typ, mit dem, dank meines Unvermögens, alles schiefzulaufen schien. »Lass dir nichts einreden, Katjuschka«, sagte Zoran. »Du bist eine großartige Frau, du hast nur ein bisschen Entwicklung vor dir. Der Mensch, für den du dich dann entscheidest, kann sich glücklich schätzen.« Und ich fand, dass das uneingeschränkt auch für ihn galt.

Und jetzt? Jetzt könnten wir ewig weiterreden. Ich will mit ihm befreundet sein, auf der Stelle!, in irgendeiner dunklen Bar versacken, über Politik streiten, Gossip austauschen …

»Übrigens, erinnerst du dich noch an Paolo?«

»Klar, der Typ, der aussah wie ein Banker. Mit dem hattest du was, kurz bevor wir uns getrennt haben.«

»Ich hab ihn letztens wiedergetroffen. Und mich wieder total verknallt. Aber war zu kompliziert insgesamt. Jedenfalls weiß ich noch, was das für ein krasser Kontrast damals war für mich – du warst schon so weit in deinem Leben, und Paolo stand genau wie ich ganz am Anfang. Wir waren beide gleich ahnungslos. Irgendwie hat mir das gefallen.« Da fällt es mir ein! »Fühltest du dich eigentlich nie unterfordert mit mir? Ich meine, ich Abi, du Promotion? Ich hatte dir doch nichts entgegenzusetzen.«

Zoran lacht und legt dabei einen goldenen Backenzahn frei. Hach, Heimatgefühle! »Klar, wenn man sich das mal vergegenwärtigt, war das schon ein riesiger Altersunterschied. Aber ich hab dich nie als unterlegen wahrgenommen. Du warst total unternehmungslustig und neugierig, gingst mit so einem ›Mir gehört die Welt‹-Gefühl durchs Leben – es hat, bis auf deine kleinen Ausraster zwischendurch, einfach Spaß gemacht, mit dir zusammen zu sein.«

»Dabei war ich innerlich doch komplett verloren.«

»Ich weiß. Erinnerst du dich an unseren Balkan-Trip?«

Wie könnte ich den vergessen? Wochenlang sind wir mit Zorans weißem 3er-BMW durch Ex-Jugoslawien gefahren, meine erste große Reise, jeder Tag ein Abenteuer.

»Ich hatte gedacht, wenn ich dich da hinbringe, wenn du siehst, was der Krieg alles angerichtet hat, wie die Menschen da leben, was existenzielle Probleme sind, dann würde dir das vielleicht helfen. Dich irgendwie hochziehen. Aber die Rechnung ist nicht aufgegangen.«

Überhaupt, so einen großen Altersunterschied wie mit mir hat er mit niemandem sonst gehabt, erzählt er. Aber er gibt zu, dass er jetzt, mit Anfang fünfzig, anfängt, dezidiert nach unten zu daten.

»Ich sage das nicht gerne, aber Frauen in meinem Alter sehen oft schon aus wie Omas. Keine Ahnung, wie die das machen oder warum das so ist.«

Also bitte. Noch so ein Punkt, über den wir in einer Spelunke streiten könnten. Da werde ich Zoran echt mal den Kopf zurechtrücken müssen. Omas! Ich meine, er sieht selbst nicht mehr aus wie süße sechzehn. Die Arroganz, mit der Männer die Definition von weiblicher Attraktivität noch immer kontrollieren, macht mich echt fertig. Jung und saftig soll sie sein, während für sie selbst nur Macht und Geld von Relevanz sind. Was in der Konsequenz bedeutet, dass männliche Attraktivität über die physische Erscheinung hinaus behauptet wird, während weibliche sich allein auf diesem Feld abspielt.

Aber bevor ich eine Tirade über Geschlechterungerechtigkeiten von mir geben kann, umarmen wir uns schon zum Abschied. Und Zoran wird beinahe pathetisch, während wir so in unseren Armen liegen: »Ich bin wirklich froh darüber, dass wir damals zusammen hergekommen sind. Wir wollten beide weg, aber hätten uns das allein vermutlich nicht getraut. Ich glaube, wir brauchten einander, um diesen Schritt zu gehen.«

Wir zwei ergaben vielleicht nicht die ganz große Liebe. Aber wir haben Hand in Hand einen neuen Lebensabschnitt begonnen, der unsere gesamte Zukunft bestimmen sollte. Wir beide sind bis heute in der Stadt geblieben, haben hier unser Glück gemacht, und unser Unglück gleich mit, so wie sich das halt gehört im Leben. Und ehrlich, dafür können wir uns gegenseitig ganz schön dankbar sein.

»Bin ich überhaupt in der Lage, Beziehungen führen, so beschädigt, wie ich bin?«

So sehr ich die Stunden bei Dr. Kauz bis vor Kurzem noch gehasst habe, so sehr kann ich es nicht mehr erwarten, endlich wieder auf seiner Couch zu liegen. Er ist zu meinem engsten Verbündeten geworden in der Ergründung meines rätselhaften Unbewussten.

»Es scheint jedenfalls Kräfte in Ihnen zu geben, die es Ihnen schwer machen«, sagt mein Verbündeter in ernstem Ton.

Ein Ungeheuer, jetzt bin ich sicher. Das grüne Gebilde über mir muss ein Monstrum sein, eins, gegen das alles in mir kämpfen will. Aufspringen, Bild abreißen, auf den Boden schmettern, Glas zerspringen lassen, kratzen, reißen, wüten.

»Ich hab mit Paolo Schluss gemacht, weil ich Angst hatte, verletzt zu werden. Mehr noch, ich hab ihn geradezu dafür bestraft, dass er in der Lage wäre, mich zu verletzen. Und ich fürchte, ich habe das schon sehr oft getan: Männer bestraft.«

Dr. Kauz sagt nichts. Er wartet darauf, dass ich die Antwort auf das »Warum?« selbst finde. Ich bin ihm dafür dankbar, dass er mich nicht drängt, sondern mich zum dreiundsechzigsten Mal erzählen lässt, wie sehr ich unter meiner Mutter gelitten habe. Bis ich endlich, endlich! zu meinem Kern vordringe.

»Ich glaube, ich hasse Männer.«

Mein Leben lang dachte ich, ich liebte sie. Alles war leicht mit ihnen: sie zu begeistern, mit ihnen zu spielen, sie an mich zu binden. Sie machten mir Spaß. Doch wann immer ich an den Punkt kam, mich verletzt oder auch nur verletzlich zu fühlen – und seien wir ehrlich, in jeder Beziehung ist es irgendwann so weit – holte ich aus. Und zwar so richtig. Im Zuschlagen bin ich klasse. Ich dachte also, ich liebe sie. Dabei hatte ich einfach nur Angst vor ihnen.

Meine früheste Erinnerung an einen Mann spielt im winzigen Bad unserer Moskauer Wohnung. Ich stehe in voller Bekleidung in der Badewanne und schreie wie am Spieß, während der Freund meiner Mutter die Brause mit eiskaltem Wasser auf mich draufhält. Erst, als ich wieder ganz, ganz still bin, hört er auf damit. Seine Freundin, meine Mutter, hat bereits ein Kind, das passt ihm nicht. Eines Tages kommt meine Mutter mit einem frisch vernähten Kinn nach Hause, die Narbe hat sie noch heute. Schläger haben sie überfallen, sagt sie. Vielleicht war es aber auch anders. Es wird noch oft anders werden, später, als wir schon in Deutschland leben, zusammen mit meinem Vater, nachdem meine Eltern wieder zusammengekommen sind. Er spielt mit mir Delfin im Schwimmbad und zu Hause Mensch Ärgere Dich Nicht, und wenn er mir abends vorliest, bekommt jede Figur eine eigene Stimme, jedes Geräusch bekommt einen Laut, ein richtiges Hörspiel gibt es dann in meinem Bett, und ich jauchze vor lauter Freude und vor Übermut. Trotzdem gibt es niemanden auf der Welt, den ich mehr fürchte als meinen Vater. Denn wenn die Tür zu meinem Zimmer zufällt, höre ich meine Mutter nebenan weinen, und ich weiß, dass er ihr wehtut. Als Teenager werde ich vergewaltigt, es ist ein Freund meiner Moskauer Familie.

Männer als übermächtige Monster. Wer hält das schon aus, immer Opfer zu sein? Ich weiß nicht, wann der Moment kam, in dem ich beschloss, auf sie zu scheißen. Wenn man auf jemanden scheißen will, muss man sich über ihn stellen. Und genau das wollte ich mein Leben lang machen: Mich über sie stellen, damit sie mir nicht mehr gefährlich werden können.

»Für Sie gibt es nur oben und unten in einer Beziehung«, sagt Dr. Kauz. »Augenhöhe scheint Ihnen nicht möglich zu sein.«

Hallo? Wie kann es die auch geben im Patriarchat?

»Und was mache ich jetzt?«

»Anschauen. Licht auf die dunklen Stellen bringen.«

[22.08., 16:09] Ich: Warum, glaubst du, hast du es diesmal geschafft, mich zu mögen? Was it me or was it you?

[22.08., 16:21] Paolo: Ich mochte dich immer. Ich wollte dich immer noch mehr mögen. Diesmal habe ich es einfach geschafft, alles Alte in mir aus dem Weg zu räumen und dir einen schönen Platz in mir einzurichten, den du ganz neu anstreichen durftest.

—

Paolo hat es tatsächlich getan. Ist trotz allem zu meiner Buchpremiere gekommen. Als ich meinen Blick durchs Publikum schweifen ließ, fing ich plötzlich den seinen auf, Überraschung!, zeigte mein Gesicht, sichtbar für jede:n Einzelne:n im Raum, da bin ich sicher. Lesung, Fragerunde, Applaus, seit wann können neunzig Minuten derart schnell verfliegen? Jetzt beobachte ich Paolo durch die Glasfront im Foyer, wo man den Büchertisch aufgebaut hat, wo mein Mund lächelt, meine Hand unterschreibt, aber meine Augen, die machen schon wieder, was sie wollen. Sehen ihn inmitten all meiner Freund:innen (sie kennen sich doch gar nicht). Sehen den roten Regenschirm in seiner Hand (er ist mal wieder bestens vorbereitet). Sehen, wie er für diesen Anlass viel zu förmlich angezogen ist mit seinem dreiteiligen Anzug (was für eine Zärtlichkeit meinen Körper flutet). Sagen wir, wie es ist: Sie sehen nur noch ihn.

Je kürzer die Schlange mit den fröhlichen, signierfreudigen Gesichtern vor mir wird, desto mehr spüre ich mein Herz, und als das letzte Buch nach einer Unendlichkeit unterschrieben ist, bin ich noch aufgeregter als zuvor, als ich auf die Bühne musste. Gleich werde ich ihn zum ersten Mal seit Wochen wieder umarmen. Da draußen steht er, jetzt kann ich ihn in der Dunkelheit kaum noch erkennen, zusammen mit all den Menschen, die mir so wichtig sind. Nichts ist daran merkwürdig, nein, er ist genau richtig, da, wo er steht. Er ist Teil von ihnen, auch wenn ich ihm noch wenige Wochen zuvor vor lauter

Hilflosigkeit den Laufpass gegeben habe. Und plötzlich bin ich mir sicher, nein, weiß ich es genau: dass er in mein Leben gehört.

Ich will mich nicht von meiner Angst beherrschen lassen.

Wie ein Star werde ich jenseits der Tür empfangen, wandere in der kühlen Abendluft von Umarmung zu Freudenschreien, wate durch ein Meer von Liebe, bis ich endlich in Paolos Armen lande, in denen ich bleiben will bis in alle Ewigkeit. Allen stelle ich ihn vor, will, dass er jede:n kennt, der:die mir was bedeutet, und selbst meine Mutter, die so misstrauisch ist gegenüber meinen Liebschaften, lächelt ihm zu. Schade nur, dass Julius nicht hier ist, ein Kind hat Magen-Darm, da kann man nichts machen, keinen Babysitter der Welt engagieren, da muss ein Elternteil ran. Wer aber stattdessen da ist, von weit, weit weg angereist, ist meine Freundin Caro, und als die Vorstellungsrunde bei ihr angekommen ist, da weiß ich nicht, wieso, gibt's einen Stich in meinem Inneren, ich spür ihn einfach.

Die beiden unterhalten sich lange. Rücken immer weiter von der Gruppe ab. Bald stehen sie allein.

Schlagartig spüre ich Müdigkeit. Kann mich nicht mehr auf Gespräche konzentrieren. Beine werden schwer. Das Bier in meiner Hand ekelt mich an. Alles unerträglich. Gleich werde ich nach Hause gehen müssen, gleich werden sie alleine bleiben, was bleibt mir also übrig, als zu ihnen rüberzuschlendern und »Ich fürchte, ich bin ein bisschen eifersüchtig« zu sagen und dabei zu versuchen zu lachen, als sähe ich das ganz locker, aber in Wirklichkeit fühle ich die Verzweiflung einer Ertrinkenden.

»Komm! Komm zu uns!«, ruft Caro und nimmt meine Hände.

»Eigentlich sprechen wir die ganze Zeit nur über dich«, sagt Paolo und fasst mit an.

Kurz beruhigt mich der Händchenhalten-Dreier. Aber nur kurz. Als ich Caro zum Abschied umarme, flüstere ich ihr etwas ins Ohr, etwas, das so klingt wie »Bitte, bitte tu das nicht«, und sie nickt, aber es ist Caro, ich kenne sie, ihr Aufrisstrieb ist ein einziges Freudenfeuer, und noch dazu steht sie grundsätzlich auf die gleichen Typen wie ich. Manchmal lachen wir darüber, wie viel Glück wir haben, dass wir nicht in der gleichen Stadt wohnen.

[27.08., 00:50] **Ich:** Sehen wir uns?

[27.08., 01:34] **Paolo:** Natürlich. Wann möchtest du?

Ich möchte gleich am nächsten Tag. Und zwar in der Bar, die uns als Heimatstätte diente, als Basislager, von dem aus wir das fremdartige Gelände der Großstadt erkundeten, in der wir beide so neu waren. Paolo ein bisschen neuer noch als ich, frischestes Frischfleisch, vor dem ich mich mit dem Wenigen, das ich kannte, locker so hervortun konnte, als gehörte mir die ganze Stadt.

X

Paolo

»Lass uns das nicht tun«, hatte er am Telefon gesagt. »Das wird uns alles kaputt machen. Die haben das Ding komplett totsaniert, da ist nichts mehr, wie es mal war.«

Aber das war mir egal. Ich wollte trotz allem genau hier hin – schließlich ist unsere Geschichte nun an der Reihe –, in dieses spitze Haus an der Ecke, in das ich ihn vor sechzehn Jahren geschleppt hatte wie eine Räuberin die Beute in ihre Höhle. Es hatte ein bisschen gedauert, bis ich erkannt hatte, dass ich Paolo stehlen muss. Aber als ich das endlich wusste, gab es kein Entrinnen mehr.

Als ich aus der Tram steige und mich umblicke, ist er schon da, lehnt an der Wand nahe der Tür, und jäh durchfährt es mich bei seinem Anblick. So viel Zärtlichkeit allein für seine Silhouette, für die kaum merkliche Bewegung seines Beines, das den Halt verliert, als er meinen Blick wahrnimmt. Dennoch, er ist als Freund gekommen, sagte er zumindest. Er weiß, das hier ist nicht die Zeit meines Lebens. Er kennt meine Verletzungen, kennt meine Angst, weiß, wie sehr ich alles hinschmeißen und mich verkriechen will. »Lass uns aufeinander aufpassen«, hatte er zu mir gesagt, und genau das wollen wir tun. Doch Paolo als Freund neben mir in einer totgesagten Bar sitzend, wo ich in Wirklichkeit doch auf seinem Schoß sitzen möchte, und zwar nackt? Ich weiß noch nicht, wie das gehen soll, aber dies ist sicher nicht der Moment, das zu ergründen, denn heute soll es um die Frage gehen, was das nun war mit uns, damals. Und warum es hatte zu Ende gehen müssen.

Er grinst und schließt mich in die Arme, und ich erinnere mich daran, wie es ist, ihn in den Hals zu beißen, ihn in mich aufzusaugen, den bitteren Geschmack seines Parfums auf meiner Zunge, seine

Haare in meiner Nase. Sein Körper gehört an meinen, nahtlos fügt er sich in jede Kuhle, jede Erhebung, und ich weigere mich, ihn loszulassen, also entern wir das *Montag* wie *ein* Leib, umschlungen.

Gleich neben der Tür finden wir unseren Platz, eine abgeranzte Couch, von der aus wir das gesamte Etablissement überblicken können. Die altehrwürdige Bar, in deren Dunkelheit man früher versinken konnte, und selbst dort, wo spärliches Licht zu sehen war, lallten die Menschen schon und waren bereit, hinabzusinken auf den klebrigen Boden, dieser Laden ist nun in einem grellen Grün gestrichen, und da, wo einst die wuchtige Theke mit den kunstvollen Schnitzereien und geheimnisvollen Frauen war, steht nun ein weiteres Sofa. Langweilig. Wir sind fast die einzigen Besucher:innen an diesem Nachmittag, trinken Ingwertee, ohne Honig, ohne Zucker. Wie gesittet wir geworden sind. Früher, mit Anfang zwanzig, waren wir nur abends hier, knutschten wild herum, als ob wir kein Zuhause hätten, machten Leute und uns gegenseitig wahnsinnig.

Paolo zeigt auf einen hellen Fleck auf seinem rechten Handrücken. »Guck mal, erkennst du noch die Narbe? Ich glaube, wir saßen genau hier, als du mir deine Zigarette auf der Hand ausdrücktest.«

»Was? Wieso hab ich das getan?« Ich erinnere mich kaum, nur Blitzlicht-Fetzen. Paolo mit einem Glas voll Eiswürfel neben mir, eine runde Wunde auf seiner Hand.

»Wir hatten über Kontrolle gesprochen, und du hast gefragt, ob ich das aushalten würde, ohne zu schreien. Ich sagte: ›Probier's aus.‹ Da nahmst du deine Zigarette und drücktest zu. Ich verzog keine Miene, zuckte nicht, sekundenlang, deine Augen wurden immer größer, niemand von uns sagte was, bis du die Zigarette wieder zum Mund führtest. Und ich aufstand, um mir Eis an der Bar zu holen.«

»Und weißt du noch, wo wir saßen, als du mich den Typ küssen ließest?« Ich zeige in die Ecke rechts hinten. »Ich glaube, das war da drüben. Du wolltest unbedingt, dass ich das mache, einfach hingehen und küssen.«

»Der hat dich die ganze Zeit so angestarrt, wir hatten uns eigentlich über ihn lustig gemacht. Aber dann hast du gefragt, ob es mich stören würde, wenn du mit ihm rummachst. Ich habe wieder gesagt: ›Probier's aus.‹ Es war eine Option!«

»Nein, es war *keine* Option. Gott, ich war so verliebt in dich, du hättest mir sagen können, ich soll mir die Hand abhacken, und ich hätt's getan. Du warst der Einzige, den ich küssen wollte. Und ich war so klein, ich wollte um jeden Preis tough erscheinen, niemals hätte ich eine Challenge abgelehnt.«

Ich war wütend auf ihn an diesem Abend, unendlich wütend. Überlegen grinste ich ihn an, als ich von diesem widerwärtigen Kuss zu ihm zurückkehrte, aber Paolo grinste noch überlegener zurück und verabschiedete sich bald. Vielleicht war das hier schon der Anfang vom Ende. Dabei hatte alles so unschuldig begonnen.

Ein Jahr, nachdem wir zusammen Abi gemacht hatten, meldete sich Charlotte, eine Freundin, mit der der Kontakt zwar immer herzlich, aber letztendlich eingeschlafen war. »Ich hab beim Feiern jemanden kennengelernt, wirklich toller Typ«, jauchzte sie ins Telefon. »Das einzige Problem ist: Er ist gerade fürs Studium zu dir in die Stadt gezogen.« Wir einigten uns darauf, dass sie für ein verlängertes Wochenende bei Zoran und mir unterkommen sollte, um den Typ ganz unverbindlich kennenlernen zu können. Der Typ hieß Paolo.

An unsere allererste Begegnung kann sich niemand von uns genau erinnern. »Ich weiß aber noch, was du anhattest«, sagt Paolo. »So eine Hüftjeans und dazu ein winziges Top. Ich musste die ganze Zeit auf deinen Bauch starren.«

Wir verstanden uns auf Anhieb prächtig. So prächtig, dass ich Charlotte am Tag ihrer Abreise versprechen musste, nichts mit ihm anzufangen. »Aber klar«, sagte ich. Was dachte sie denn! Paolo war witzig, okay. Aber komplett an meinem Beuteschema vorbei. Irgend so ein Studi aus der Provinz halt, unauffällig, glattgebügelt. Weder gehörte er einer Subkultur an, noch hatte er andere eindeutige

Merkmale von eklatanter Coolness, und war damit automatisch in die Friendzone verbannt.

Paolo grinst, als er mich so über sich reden hört.

»Und findest du mich immer noch uncool?«

»Ich möchte auf die Knie gehen vor deiner unglaublichen Coolness«, und mit diesen Worten rutsche ich vom Sofa herab auf den Boden, knie mich vor ihn hin und gebe ihm einen Kuss auf sein Knie.

Erschrocken zieht er mich wieder hoch. »Spinnst du?«

»Ich verneige mich eben. Du bist endlich cool. Fast schon wieder *zu* cool!«

Wenn es jemals einen perfekten Moment gegeben hat, um ihn zu küssen, und zwar auf einen Teil seines Körpers, der durchaus geeigneter für solche Zärtlichkeiten ist als sein behostes Knie, dann wäre es vermutlich dieser. Aber ich lasse ihn verstreichen. Als Charlotte also nach Hause gefahren war, hatten wir natürlich nicht aufgehört, uns zu treffen. Im Gegenteil, je mehr Zeit verging, desto öfter hingen wir zusammen ab. Rein freundschaftlich, versteht sich – von meiner Seite aus zumindest. Aber an diesem einen Abend kapierte ich, dass die Dinge anders lagen.

Die Beziehung mit Zoran steuerte schon ihrem Ende entgegen, also hielt ich es für eine probate Idee, mich bereits ein wenig anderweitig umzusehen. Doch gleich mein erster Versuch mit einem Typ aus dem Callcenter, bei dem ich damals arbeitete, entpuppte sich als Niete. Schon nach drei Minuten Date wollte ich nur noch weg, da halfen nicht mal die Scherzchen der Poetry-Slammer:innen, denen zu lauschen wir eigentlich gekommen waren. Mir blieb nichts, als Paolo vom Klo aus anzurufen, wie man das halt macht unter Freund:innen. Eine halbe Stunde später stand er neben uns, kaufte dem Typ ein Bier und führte mich mit den Worten: »Ihr ist schlecht, wir gehen mal an die frische Luft« vor die Tür. Und dann rannten wir Hand in Hand davon, so schnell wir konnten. Das war der Moment, in dem alles losging. Wir losgingen.

»Und lass uns festhalten«, schließe ich, »so unschuldig hat alles in Wahrheit gar nicht angefangen. Wir verhielten uns von vornherein wie die absoluten Arschlöcher. Wir kitzelten unser jeweiliges Arschlochpotenzial gewissermaßen gegenseitig aus uns heraus. Der arme Typ stand plötzlich ganz allein da, Charlotte wartete auf deine Anrufe, die immer seltener wurden, bis du dich irgendwann gar nicht mehr gemeldet hast.«

»Und vergiss nicht, du warst immerhin noch mit Zoran zusammen«, wirft er ein. Eine Stufe mehr auf meiner Arschloch-Skala, da hilft nicht mal die Tatsache, dass ich mich innerlich längst aus dieser Beziehung verabschiedet hatte. Ich hatte das alles nicht geplant, mit Paolo schon gar nicht, und doch sah es mir so ähnlich, keinen sauberen Schnitt zu machen, sondern im Zickzackkurs herumzuschlingern, bis ich mir wirklich sicher sein konnte, dass ich gehen will. Denn wann zur Hölle weiß man schon genau, wann es genug ist? Wann Bleiben nicht mehr lohnt? Hätte der Schriftsteller Thomas Meyer damals schon sein Büchlein *Trennt euch!* herausgebracht, in dem er die Mühen und Wehen auf dem Weg zur Trennungsentscheidung mit einer galanten Handbewegung als Weg zu einem neuen, besseren Leben beschreibt, wäre es sicher etwas schneller gegangen. Passen zwei Menschen zusammen, hier und jetzt? Tun sie sich gut, hier und jetzt? Dies sind die beiden Fragen, die Thomas Meyer Liebenden ans Herz legt. Nie hätte ich behaupten können, Zoran würde mir nicht guttun. Aber zusammen passten wir keineswegs. Und erkannt hatte ich es mit Hilfe von Paolo.

Wir schliefen nicht miteinander. Ahnten wir da schon, dass es in dem Moment vorbei sein würde, in dem wir es taten? Einmal, da saßen wir durchgefroren nach einem morgendlichen Flohmarktbesuch in einem Café, als er mir von einer Geschichte erzählte, die ihn beschäftigte, seit er sie gelesen hatte: Ein junger Mann verliebt sich in eine junge Frau, boy meets girl, alles klar. Aber er lebt allein vom Verlangen, von der Sehnsucht nach einem Kuss von ihr, und er weiß, dass es, sobald er diesen bekommt, das Ende sein wird. Und so zögert er diesen Kuss immer weiter hinaus, bis es irgendwann nicht mehr geht. Und dann, ja dann: ist es vorbei.

»Diese Geschichte hat mir so viel kaputt gemacht«, lacht Paolo und nimmt noch einen Schluck Tee.

»Du hast genau wie dieser Typ unseren Sex hinausgezögert. So kam es mir damals jedenfalls vor. Und dabei waren wir so horny. Ich meine, egal, wo wir waren, wälzten wir uns aufeinander rum wie Tiere.«

»Natürlich wollte ich, aber ich war außerdem einfach wahnsinnig schüchtern, und ich wollte das nicht forcieren. Außerdem war ich mir bei dir nicht wirklich sicher: Mal warst du da, dann wieder nicht.«

»Und ich hab mich, nachdem du mir von dieser Kussgeschichte erzählt hattest, nicht recht getraut, irgendwas zu versuchen. Ich wollte ja nicht, dass es dann gleich vorbei ist. Wollte Spannung aufbauen. Na ja, bis auf das eine Mal halt. Du hattest mir einen Schlüssel zu deiner Wohnung gegeben. Weißt du noch, warum du das getan hast?«

»Weil ich wollte, dass du die komplette Kontrolle über mich hast.«

»Zu mir hast du was anderes gesagt.«

»Was denn?«

»Du wolltest, dass ich in deinem Bett mit einem anderen schlafe. Dass du nach Hause kommst und uns überraschst.« Als ich diese Worte ausspreche, spüre ich den Schmerz von damals durch meinen Körper ziehen. Mit einem anderen schlafen. Dabei wollte ich nur Paolo.

»Wirklich, das hab ich gesagt?« Er schüttelt den Kopf. »Ich kann es mir zwar vorstellen, aber ich verstehe mich selbst nicht. Wir werden uns unglaublich aufgestachelt haben. Was bin ich froh, dass wir erwachsen sind inzwischen. Dass wir so einen Scheiß nicht mehr machen.«

»Du wolltest, dass ich dich verletze. Die ganze Zeit hast du mich dazu aufgefordert. Oder war es andersherum, wolltest du mich verletzen, mich von dir fernhalten? Wie sollte ich wissen, wo die Grenze verläuft?«

Ich schlief mit keinem anderen in seinem Bett. Stattdessen brachte ich eines Vormittags, als er in der Uni war, Herbstlaub in seine Wohnung, so viel, wie ich tragen konnte, und verteilte es überall. Dann zückte ich meinen Lippenstift.

»Ich weiß nicht mehr, wie oft ich, als das mit uns vorbei war, drüber streichen musste, bis alles weg war«, erinnert sich Paolo. »›Oh child of Venus, you're made for love‹ … Alles war voll mit Goldfrapp-Zitaten. Großartige Aktion!« Er nimmt meinen Kopf in seine Hände. »Und weißt du, was du noch geschrieben hast?« Ich schüttele ihn, zusammen mit seinen Händen. »›Katja forever‹. Als ob du damals schon gewusst hättest, wie wahr das ist.«

»Als ob das wahr gewesen ist«, schnaube ich und schüttele ihn ab. »Paar Tage später hast du mich aus deinem Leben gekickt. Absolut unerbittlich.«

»Du weißt, wie sehr ich das bereut habe. Nicht in dem Moment selbst, da war ich sicher, das Richtige zu tun. Aber hinterher. Ich habe mich immer gefragt, ob es nicht doch falsch gewesen ist. Ob wir nicht was verpasst haben.«

»Dass du das getan hast, Paolo! Wegen nichts.«

»Du denkst, es war nichts, vielleicht nicht in deiner Welt. Aber ich hatte das Gefühl, dass dir meine Bedürfnisse nichts wert sind. Dass ich mich nicht darauf verlassen kann, dass du acht auf mich gibst. Auch wenn ich glaube, dass ich inzwischen anders reagieren würde. Du poltertest mitten in der Nacht nach irgendeiner Party betrunken in meine Wohnung und verlangtest meine Aufmerksamkeit.«

»Es war keine Party, ich hatte mich mit Zoran gestritten. Und dachte: Jetzt oder nie. Alles zwischen uns war so unbestimmt. Wolltest du mich, wolltest du mich nicht? Ich hatte keine Ahnung!«

»Siehst du, genauso ging es mir auch mit dir. Aber in dem Moment begriff ich, dass du nur bei dir warst und kein bisschen bei mir.

Dass es nicht gehen würde mit uns. Ich musste am nächsten Morgen arbeiten, mir blieben nur noch ein paar Stunden Schlaf. Ich fand dich unglaublich egoistisch, und für mich war das mit uns in diesem Augenblick vorbei.«

Als ob ich das spürte, nahm ich das Glas Wein, das er mir lustlos hingestellt hatte, und schüttete es in einer gezielten Bewegung über ihm aus. Rosa rann die Suppe sein Gesicht herab, färbte T-Shirt, sprenkelte Bettwäsche, damit würde ich sicher eine Reaktion provozieren! Doch Paolos Blick blieb desinteressiert, als er sich an mir vorbeidrückte, um sich waschen zu gehen.

»Du wolltest dich partout nicht beruhigen«, erinnert er sich, »also hab ich am Ende doch noch mit dir geschlafen. Vor lauter Aufregung bin ich nach fünf Sekunden gekommen – Katja fucking Lewina saß schließlich auf mir drauf! –, aber abgesehen davon: Ich glaube, das war der schlechteste Sex meines Lebens. Danach war für mich sofort klar: Du musst gehen.«

Wochenlang hatten wir uns hochgepeitscht, über unsere gemeinsame Zukunft fantasiert, und dann, zack, aus, vorbei. Oft passiert so etwas nicht, weiß Eva Illouz: »Ganz anders als beim Narrativ des Sichverliebens ist das seltenste Narrativ des Entliebens eines der Epiphanie, einer Offenbarung oder Einsicht, mit der jemand einen neuen Aspekt der Wirklichkeit sieht und erfasst.« Doch bei uns war es so. Allen schleichenden Enden meines Lebens zum Trotz. Mit einem Mal.

Ich war überrascht wie ein kleines Kind, das man nicht getröstet hatte in seinem Kummer. Dass er mich nach Hause schickte, statt mich in den Arm zu nehmen! Als ich aus seiner Tür raus bin, lief er mir sogar noch hinterher, um mir seinen Schlüssel abzunehmen. Was für eine Demütigung.

An der S-Bahn-Haltestelle lernte ich einen Typen kennen, der mich zu einer Party in irgendeiner Wohnung mitnahm. Endlich Trost, dachte ich. Aber die Party entpuppte sich als Reinfall, alle lagen zugedröhnt in irgendwelchen Ecken rum, niemand sprach. Im Grunde das perfekte Ende für diese alptraumhafte Nacht. Das war es also mit uns.

Ich sinke auf der Couch in mich zusammen. Was für ein Schlag, was für eine Vernichtung. Paolo war der einzige Mann, der jemals wirklich Schluss gemacht hat mit mir. Klar, es gab Typen, die haben mich mit ihrem Verhalten geradezu gezwungen zu gehen.

»So wie du mich!«, wirft Paolo ein.

Aber niemand hat je zu mir gesagt: »Das war's, und jetzt komm nicht wieder.« Der Einzige war er.

Überhaupt sind es ja eher Frauen, die aus Beziehungen aussteigen. Die schneller unzufrieden werden, mehr wollen, anderes. Sie sind diejenigen, die sich schon qua ihrer Sozialisierung intensiver in ihren Beziehungen engagieren, aber eben auch diejenigen, die die höheren Ansprüche an ein Zusammensein stellen. Die Autorinnen Heike Blümner und Laura Ewert plädieren in ihrem Buch *Schluss jetzt. Von der Freiheit sich zu trennen* dafür, Frauen, die sich trennen, nicht automatisch die Schuld für das Scheitern der Beziehung überzustülpen: »Gerade Frauen haben, weil es ihnen lange Zeit nicht erlaubt war, frei zu wählen, lange genug ihr Dasein mit Partnern fristen müssen, die alles andere als inspirierend waren. Mehr Freiheit, sich den Partner auszusuchen, der zu einem passt, bedeutet erst mal mehr Autonomie.« Tatsächlich hat mich gerade der Autonomiegedanke zu einer besonders emsigen Trennerin gemacht. Bis Paolo kam.

»Vielleicht musste ich das tun«, sagt er. »Vielleicht brauchtest du jemanden, der dich in deine Schranken wies. Du schienst ja keine zu kennen damals. Du hast mit Männern gemacht, was du wolltest, ohne jede Rücksicht.«

»Mag sein.«

»Aber ich kam ja trotzdem nicht über dich hinweg. Ungefähr einmal im Jahr startete ich den Versuch, dich zu finden. Deine Nummer hatte ich im Affekt gelöscht, und außer Charlotte, deren Kontakt ich auch nicht mehr hatte, gab es keine gemeinsamen Bekannten, die ich nach dir hätte fragen können. Im Netz kamst du nicht vor. Ein paarmal rief ich in meiner Verzweiflung nach dem Zufallsprinzip Leute aus Charlottes Dorf an und fragte, ob man sie kennen würde. Einmal bekam ich sogar die Nummer von einer Frau, auf die meine Beschreibung von Charlotte passte, aber es stellte sich heraus: Es war jemand anderes. Zwölf Jahre lang warst du absolut unauffindbar.«

»Was hast du denn all die Zeit gesucht, Paolo? Ich meine, du hattest mich abgeschnitten. Für nicht geeignet befunden. Was wolltest du noch von mir?«

»Mit dir hatte ich das Gefühl, unbesiegbar zu sein. Das wollte ich.«

Unbesiegbarkeit. Genau damit hatte er mich gekriegt. Endlich hatte ich Johnny und die Vergangenheit hinter mir lassen können. Die Gegenwart mit Paolo stellte alles in den Schatten. Bis sie dann vorbei war, bevor sie richtig angefangen hatte.

Mein Kopf rutscht auf seine Schulter, kraftlos liegt er da, ganz und gar nicht unbesiegbar. Aber als er sein Gesicht ganz nah an meines bringt und seine Lippen mich berühren, da spüre ich es wieder, ein ganz kleines bisschen Unbezwingbarkeit.

»Wann kommst du wieder zurück?«, fragt er.

»Wohin denn?«

»Na, zu mir. Wohin sonst?«

Dabei bin ich doch längst wieder da.

Eine Woche später sitzt Paolo bei uns in der Küche. Die Kinder kippeln am Tisch, schmieren Butter über Tellerränder, betteln nach Limo, reden rein, alles wie immer. Nur dass er auch da ist, zum allerersten Mal. Sitzt da, schaut uns zu, trinkt Bier aus dem Glas, nicht aus der Flasche natürlich, und wirft ab und zu ein Häppchen Harry-Potter-Halbwissen ein. Es ist perfekt.

Er ist hier als Freund, so wie andere Menschen eben auch in unserem Haus ein- und ausgehen, einer von vielen. Mit dieser Idee zumindest versuche ich mich selbst zu beschwichtigen, denn eigentlich bringen Julius und ich unsere Love Interests nicht mit nach Hause zu den Kindern – es sei denn, es ist ernst und verbindlich und auf Dauer ausgelegt. Alles Dinge, die man von uns beiden, also Paolo und mir, nicht behaupten kann. Irgendwie ist es ja doch immer viel schneller vorbei gewesen, als wir dachten. Wenn ich dem Kind einen Namen geben sollte, dann hieße es wohl »Nicht-Beziehung« – keine Ansprüche an eine gemeinsame Zukunft, keine sexuelle oder emotionale Verbindlichkeit, Ausgang ungewiss.

Und doch ist Paolo überraschenderweise zu einer Konstanten in meinem Leben geworden in den letzten Monaten. Geht nicht weg, auch wenn ich selbst so gerne flüchten möchte. Ich hab beschlossen, die Statusfrage zu verschieben. Was sollen wir schon sein, in einem Augenblick, in dem ich mich selbst nicht recht begreifen kann? Das Einzige, das mich verrät, ist, dass Julius nicht zu Hause ist. Wäre er hier, müsste ich mich und meine Aufmerksamkeit teilen. Aber so bin ich ganz für Paolo da. Na ja, und für die Kinder. Aber die gehen ja irgendwann ins Bett.

Unauffällig wischt er eine Fußsohle an der anderen ab, es kleben wohl Krümel an seinen lila Socken. Auch seine Unterhose wird lila sein, fällt mir in diesem Augenblick ein, darauf legt er Wert, und dann denke ich an das, was sich unter der Unterhose befindet ... Du meine Güte!, die Kinder. Ganz ruhig. Zurück zu den lila Socken. Mir erscheint alles so ordentlich in seiner Welt, so kontrollierbar. Erst letztens fiel mir wieder dieses Foto ein, das er mir damals vor sechzehn Jahren gezeigt hatte. Zusammen mit seinen drei Geschwistern steht er im Garten seines Elternhauses. Es muss ein Familienfest im Frühsommer sein, denn trotz ihrer festlichen Kleidung stehen sie barfuß in einem Gras von beeindruckendem Grün. Lachen in die Kamera, haben Arme umeinandergelegt. Ich erstarrte in Ehrfurcht vor diesem Bild, konnte selbst an dem Papier, auf das es gedruckt worden war, riechen, wie viel Glück Paolo im Leben gehabt hatte. Liebevolle Eltern, ein warmes Zuhause, keine Angst und keine Geldsorgen. Er würde immer auf die Füße fallen. Immer. Ich dagegen ... Wir wollen nicht darüber reden.

»Sieht so aus, als wäre Ihr Überraschungsauftritt in dieser einen Nacht damals auch eine Art Racheakt gewesen für die privilegierte Position, in der Sie ihn vermuteten«, sagte Dr. Kauz, als ich ihm davon erzählte. »Sie wähnten ihn über sich, also haben Sie versucht, ihn durch aggressives Verhalten wieder nach unten, oder jedenfalls unter Sie selbst, zu befördern.«

Seit ich angefangen habe, darüber nachzudenken, fallen mir immer mehr Situationen mit immer mehr Männern ein, in denen das so war. In denen ich meine Unterlegenheit, und sei es auch nur eine vermeintliche, nicht aushalten konnte und losschlagen musste. Als wäre ich ein einziger Klumpen Unbewusstes. Ein einziges »Schattenkind«, wie die Psychologin Stefanie Stahl es nennen würde, ein Persönlichkeitsanteil, den wir alle in uns tragen und der all die (meist unbewussten) Verletzungen aus unserer Kindheit verkörpert. Er sorgt dafür, dass wir emotional reagieren, wo eigentlich kein Angriff war, dass wir irrational agieren, bockig werden, ängstlich, destruktiv, wenn er von irgendetwas oder irgendjemandem getriggert wird. Auf der anderen Seite steht in diesem Modell das »Sonnenkind«, der heile kindliche Anteil, der voll von Lebensfreude und Liebe ist – so, wie wir alle auf die Welt kommen. Und dann gibt es noch das Erwachsenen-Ich, unseren logisch denkenden Verstand, der im Groben dafür sorgt, dass wir in der Welt zurechtkommen. Je nach Situation hat einer dieser Anteile die Oberhand in uns. Jetzt gerade zum Beispiel geht es am Tisch darum, was ein Basilisk ist und wie man ihn besiegen könnte, würde man auf ihn treffen. *Das* sind Themen, die die Welt um mich herum beschäftigen, und ich bin bereit, mich ihnen mit einer gesunden Mischung aus »Sonnenkind« und »Erwachsenen-Ich« hinzugeben, widerwillig zwar, aber bereit. Außerdem geht in dem Moment die Klingel, Louise rast zur Gegensprechanlage. »Es ist Papa«, ruft sie. »Er hat meine Kopfhörer.«

Louises Vater tut alles für sie: Bringen, Abholen, Sachen hinterherfahren. Manchmal bringt mich das in fürchterliche Bedrängnis, denn ich mache so etwas nie. »Papa kümmert sich viel mehr als du«, sagt Louise hin und wieder, und ich sage: »Er hat ja auch nur ein Kind und viel mehr Zeit«, aber innerlich sterbe ich. Imperfektion im Muttersein ist für mich, was der Metallspiegel für den Basilisken: Sag mir, ich mache was falsch mit meinen Kindern, und du hast mich zerstört.

»Sie haben Angst, als Mutter genauso zu versagen, wie Ihre eigene Mutter versagt hat«, sagt Dr. Kauz dann und wann, aber das zu wissen hilft nichts. Es hilft nicht mal zu wissen, dass Max, Louises Vater, genauso versagt wie ich, nur halt an anderen Stellen, dass niemand von uns alles richtig machen kann. Mit meiner Mutter hat jedes einzelne Problem in meinem Leben angefangen, da bin ich mir mindestens einmal pro Woche sicher. Sie hätte mich schützen müssen vor der Brutalität der Männer. Und ich will um jeden Preis vermeiden, dass meine Kinder irgendwann das Gleiche von mir denken – auch wenn ich sie auch nicht immer beschützen kann.

»Hallo!« Schnaufend steht Max in der Tür, so geht es allen, die es zu uns hoch in den vierten Stock schaffen, drückt Louise ihre Kopfhörer in die Hand und linst um die Ecke und in die Küche hinein. »Oh, Besuch?«

Und weil Max trotz unserer unrühmlichen Trennung und jahrelanger Streitereien inzwischen so etwas wie ein Familienmitglied geworden ist und Lieblingsmensch der auf Louise folgenden Kinder sowieso, ziehe ich ihn in die Wohnung und sage: »Das ist Paolo. Wir hatten gerade so ein bisschen was miteinander, als ich dich kennenlernte. Ich kann mich noch gut erinnern, wie ich ihm von dir erzählte. Den Trick mit dem Schirm, den hat er von dir.«

Oh, was hab ich Männer gesammelt damals. Überall lauerten Verlockungen und Abenteuer. Die ganze Stadt war voll von tollen Typen, die ich mir nicht entgehen lassen durfte. Mühelos lavierte ich drei, vier, fünf von ihnen gleichzeitig, und das sogar noch mit echtem Enthusiasmus. Meine Güte, zu welchen Anstrengungen ich bereit war! Gut für mich, dass mit dem Alter die Begeisterungsfähigkeit nachlässt. Heute langweilen mich die meisten Männer, und ich bin schon glücklich, wenn mir ab und zu mal einer vor die Füße fällt, von dem ich mich nach zwei Minuten Gespräch nicht genervt abwenden muss.

»Und wie kommt es, dass ihr jetzt plötzlich wieder Kontakt habt?«, fragt Max und lässt sich mit einer solchen Vehemenz auf einen gerade frei gewordenen Stuhl fallen, dass die Vermutung naheliegt, er wird sich von ihm nicht so schnell wieder erheben. Das hier ist eine gute Geschichte, das hat er sofort begriffen, besser als jeder Film, den er allein zu Hause gucken kann, und obendrein gibt es bei uns von den Kindern übrig gebliebene Schnittchen zum Bier – was will man mehr? Die kleineren Kinder haben sich zum Spielen verkrümelt, nur Louise sitzt noch bei uns. Wenn es um Liebesgeschichten geht, ist sie immer on fire.

»Ich hab Katja immer wieder gesucht«, sagt Paolo. »Ich konnte sie einfach nicht vergessen. Bis ich sie gefunden habe, vor ein paar Jahren. Seitdem haben wir wieder miteinander zu tun, mal mehr, mal weniger.«

Wohin geht es wohl dieses Mal? Ins Mehr oder ins Weniger? Ich nehme einen großen Schluck Bier.

»Was denn für ein Trick mit dem Schirm?«, will Louise wissen. Dem Kind entgeht aber auch wirklich gar nichts.

»So haben Papa und ich uns kennengelernt«, erkläre ich. »Ich hab von diesem Trick natürlich direkt Paolo erzählt damals, und er so: ›Hm, gute Idee!‹ Eine Woche später gab es dann Izumi.« Ein Wettstreit von vorne bis hinten, ein ständiges sich gegenseitig Herausfordern. So war das mit Paolo und mir. Er hat Izumi behalten, ich Max. Der Trick mit dem Schirm scheint ein sehr effektiver zu sein.

»Erzähl doch mal, wie das war mit euch!«, fordert das Kind. Alle lachen, und weil ich eine gute Gastgeberin bin, hole ich noch mehr Bier aus dem Kühlschrank.

»Also«, beginne ich. »Das war so …«

X

Max

Immer und andauernd, vor und nach der Sache mit Max, lernte ich Männer kennen. Als Frau und erst recht mit Anfang zwanzig, ist das bekanntlich auch nicht schwer, man tritt vor die Tür, und der Rest geschieht von ganz allein. Natürlich unterschieden sich die Begegnungen in ihrer Intensität – ein Treffen über eine Datingseite war etwas völlig anderes als ein unerwartetes Kennenlernen im Bus. Und doch hätte ich nicht behaupten können, dass die Art der Begegnung irgendeinen Hinweis darauf gab, was folgte. Die Begegnung mit Max war allerdings derart magisch, dass mein Schicksal in der Sekunde, in der ich ihn zum ersten Mal erblickte, besiegelt zu sein schien: Ich musste mit ihm ein Baby bekommen. Natürlich wäre es übertrieben zu behaupten, ich hätte das in diesem ersten Moment bereits gewusst. Und dennoch erklärt es den Wahnsinn, mit dem ich in diese Beziehung ging und mit dem ich an ihr festhielt, selbst als alles schon zu spät war.

Es begann also mit einem Regenschirm. Die Rolltreppe war gerade dabei, mich aus der U-Bahn nach oben zu befördern, schon von Weitem sah ich strömenden Regen vor grauem Himmel und warf in meiner Verzweiflung über das Gesehene – ich war viel zu dünn angezogen und würde in wenigen Minuten komplett durchnässt sein – einen Blick über die Schulter zurück in Richtung U-Bahn, wo es trocken war. Doch was ich erblickte, ließ mich meinen Kopf augenblicklich herumreißen. Bloß nicht noch mal hinsehen! Denn dort, nur wenige Meter hinter mir, stand der schönste Mann, den meine Augen je erblickt hatten. Also gleich nach dem jungen Johnny Depp, mit dem der Typ auf der Rolltreppe eine verblüffende Ähnlichkeit aufwies. Und: Er guckte mich geradewegs an! Eben noch hatte ich mich in der Glasscheibe des U-Bahn-Waggons betrachtet und zugeben müssen, eine durchgehende Enttäuschung zu sein. Woher kam dieser Pickel, warum hatte ich mir die Haare heute früh nicht gewaschen, und überhaupt, welcher Vollpfosten hatte entschieden, eine schwarze Bluse mit Bluejeans zu kombinieren? Überirdische Schönheiten lagen heute definitiv nicht in meinem Möglichkeitsbereich, also richtete ich meinen Blick starr nach vorn und war bereit, meine eigene Unattraktivität vom Regen hochleben zu lassen. Doch dazu kam es nicht. Denn bevor auch nur ein Tropfen meinen Schopf benetzen konnte, öffnete sich über mir ein schwarzer Schirm. Erschrocken folgte mein Blick dem Arm, der ihn festhielt, um – Überraschung! – festzustellen, dass der Arm niemand Geringerem gehörte als dem jungen Johnny Depp.

»Papa war aber auch wirklich wunderschön«, wirft Louise ein.

»Was heißt hier ›war‹?«, kontert Max.

»Du bist immer noch schön, natürlich. Aber damals ...« Sie führt Daumen, Zeige- und Mittelfinger an ihren Mund und gibt ihnen einen lauten Schmatzer. »... wollten dich nicht umsonst alle zum Model machen. Schade, dass du dich so gewehrt hast. Du könntest jetzt reich sein!«

Einen reichen Vater, wer wünscht sich den nicht? Doch Geld ist nicht gerade Max' Spezialität. Sagen wir es diplomatisch: Es gibt Menschen, denen die Beschaffung mehr liegt. Später, mit einem Baby an der Backe, würde diese Eigenschaft zu einem andauernden Streitthema werden, aber in den ersten Wochen und Monaten war es mir komplett wumpe, dass Max' Studium bereits ins zehnte Jahr ging und er noch immer in einer unsanierten Mansarde mit nach Müllkippe stinkender Dusche in der Küche wohnte. Dafür war er eben herrlich romantisch!

Zufällig mussten wir an diesem schicksalhaften Tag beide zur Staatsbibliothek und zufällig wohnten wir überdies im selben Kiez, sodass wir, vertieft in ein Gespräch über den Sinn des Lebens und unsere vergebliche Suche nach Liebe, auch den Heimweg gemeinsam antraten. Max begleitete mich bis zur Haustür, und bevor ich hineinging, gab er mir tatsächlich einen Kuss auf die Wange. Ich schwöre euch, diese Wange brannte noch mindestens bis zum nächsten Tag.

Was für eine prototypische Liebeskonsumentin ich war! Die Beziehung mit Zoran neigte sich dem Ende entgegen? Paolo machte keine Anstalten, sein Werben in etwas Bestimmtes münden zu lassen? Kein Problem, ich hielt mir alle Möglichkeiten offen. »Ging es in der ›klassischen Wahl‹ um die Auswahl und die Einstufung, um den Ausschluss und die Vereinzelung eines Objekts«, schreibt Eva Illouz, »wird die sexuelle Nichtwahl entweder via Akkumulation, das heißt durch eine Praxis des Hortens (es gibt verschiedene Partnerschaften nebeneinander; Beziehungen überschneiden sich), oder durch die Entsorgung des Sexualobjekts nach seinem Genuss erreicht. Die Fülle und Austauschbarkeit der Partner sind die beiden Operationsmodi einer freien Sexualität, die von der Nichtwahl oder der negativen Sexualität geleitet wird.« Nun gut.

In den darauf folgenden Tagen hatten Paolo und ich unsere kleine Eskalation, ich trennte mich endgültig von Zoran und zog schließlich aus. Damals gab es noch so etwas in der Stadt: bezahlbare Wohnungen, die einer:einem einfach so, von jetzt auf gleich, in den Schoß fielen. Na ja, und dann begann der ganze Schlamassel.

»He, nenn das doch nicht Schlamassel!«, echauffiert sich Louise. »Immerhin bin ich daraus entstanden. Ich!«

Ich erhebe mein Bier. »Wir *mussten* zusammenkommen, damit du geboren werden konntest. So war das einfach!«

Max, der die ganze Zeit über schweigend zugehört hat, stößt mit seiner Bierflasche an meine und lächelt mir zu. Zwischen uns sind die Dinge längst geklärt. Wir wissen, dass wir vieles aneinander haben, nur eben keine gute Partner:innenschaft. Dass wir nicht zusammengepasst haben, von Anfang an nicht. Und dass uns dieser Umstand, naiv, wie wir waren, trotzdem nicht davon abgehalten hat, uns wie irre ineinander zu verlieben und ein Baby zu machen. »Die Liebe ist eine höchst erquickliche Erfahrung, die Sexualität ebenso«, schreibt Thomas Meyer, »und intime Begegnungen mit anderen Menschen sind dazu da, dass man sich entwickelt und aneinander freut – aber nicht unbedingt dazu, in eine lebenslange Partnerschaft zu münden. Allerdings wecken positive Emotionen meist exakt diesen Wunsch, und da nur wenige Charaktere wirklich mit Ihnen übereinstimmen, ist er in der Regel auf Personen ausgerichtet, die *nicht* zu Ihnen passen.«

»Woher weiß man denn, dass man nicht zusammenpasst?« Schon wieder Louise. Diesmal nicht nur aus Interesse an ihren Eltern, sondern auch aus eigenem. Schließlich ist sie ein Teenie mittlerweile, der Paarungstrieb ist definitiv aktiviert. Es kann nicht mehr lange dauern, bis in ihrem verschnörkelten Mädchenbett ein bekiffter Fünfzehnjähriger liegt und sich von ihr befummeln lässt – da muss man doch wissen, wann man weiß …

»Keine Ahnung, wie es bei anderen ist. Aber bei Papa und mir waren das so Sachen wie: Ich mag es ordentlich, ihm ist das nicht so wichtig. Ich arbeite eine ganze Menge, Papa hat lieber Zeit für sich. Ich will im Urlaub ins Hotel, Papa reicht ein Zelt. Wir haben einfach von nahezu allem Alltäglichen derart unterschiedliche Vorstellungen gehabt, dass wir ständig aneinandergerasselt sind. Das Einzige, worauf wir uns einigen konnten, war, wie wir mit dir umgehen.«

Alle haben mir damals von Max abgeraten: meine Mutter, meine Freundinnen, mein Mitbewohner. Nicht, weil sie ihn nicht gemocht hätten (das taten sie durchaus), sondern weil sie sahen, wie die ständigen Streitereien mich zermürbten. Aber wie das so ist, wenn sich scheinbar die ganze Welt gegen ein Paar stellt: Es entwickelt eine Art Romeo-und-Julia-Effekt. Jetzt erst recht, dachte ich. Sollen die nur versuchen, mich von meinem Liebsten loszueisen! Und noch eine unheilvolle Dynamik etablierte sich: Je schlimmer der Streit, desto zärtlicher die Versöhnung. Offenbar waren Max und ich prädestiniert dafür, uns gegenseitig zur Weißglut zu treiben. Und uns in einem immerwährenden emotionalen Ausnahmezustand zu halten, aus dem wir nicht mehr herausfanden. Thomas Meyer erklärt solche Verstrickungen nicht nur damit, dass wir oft nicht zwischen »Der Mensch gefällt mir« und »Der Mensch tut mir gut« unterscheiden können. »Außerdem treffen wir aufgrund der Resonanz, die zwischen allem wirkt, stets Menschen mit einem ähnlichen Maß an Selbstliebe und – aufgrund vergleichbarer Kindheitsverletzungen – ähnlichen Entwicklungsherausforderungen an«, schreibt er, »und wenn Sie sich auf jemanden einlassen, der mit sich selbst in Konflikt steht, ist allein dies ein Zeichen dafür, dass auch Sie es noch tun.«

Max und ich hatten beide ein Päckchen zu tragen, und wir wurden nicht müde, uns sein Gewicht immer wieder gegenseitig zu beweisen. Inzwischen weiß ich, dass solche Beziehungen, seien wir ruhig mal modisch und nennen sie »toxisch«, einen Suchtcharakter haben und niemals in etwas Gutes münden. Damals aber hoffte ich. Ich hoffte sogar so sehr, dass ich nach einem Jahr des Hin und Hers in meinem Zykluskalender um eine Woche verrutschte und bald darauf nicht mehr nur wegen Max weinen durfte, sondern auch, weil ich schwanger war.

Der Rest der Geschichte ist schnell erzählt. Wir zogen zusammen, versuchten uns an einem Alltag, hassten uns aber schon bald so sehr, dass ich bis heute nicht glauben kann, dass wir es bis kurz vor Louises zweitem Geburtstag miteinander ausgehalten haben.

»Wie?«, frage ich Max. »Wie haben wir das geschafft?«

»Ich wollte einfach nicht weg. Wir hatten uns füreinander entschieden, und so sollte es auch bleiben, fand ich.«

»Aber wir waren doch beide kreuzunglücklich! Warum wolltest du nichts dagegen unternehmen?«

»Natürlich waren wir das. Vielleicht ist das etwas, das ich von meinen Eltern gelernt habe. Zusammenzubleiben, egal, wie schlimm es ist. Die haben sich auch nie getrennt, obwohl vor allem meine Mutter in der Beziehung sehr gelitten hat. Ich habe, so sehr ich konnte, an unserer Beziehung festgehalten, auch für Louise. Und für dich war es ja auch nicht leicht zu gehen, aber eben aus dem umgekehrten Grund: weil sich deine Eltern getrennt hatten.«

»Vielleicht war es für mich aber trotzdem leichter, weil ich als Kind erlebt hatte, wie schlimm es ist, wenn zwei Menschen, die sich gegenseitig zur Verzweiflung treiben, zusammenbleiben. Es war fürchterlich, das mit anzusehen, und ich wollte diese Erfahrung Louise unbedingt ersparen.«

Am Ende hatte ich den absoluten Klassiker hingelegt: Kind aus zerrütteten Verhältnissen gründet früh eigene Familie, weil es sich nach Sicherheit und Geborgenheit sehnt, will alles besser machen als die eigenen Eltern – und scheitert daran genauso kläglich wie sie.

Was für ein Befreiungsschlag, als ich endlich meinen Kram packte und mit Louise auszog. Also nur mit der halben Louise, wir teilten sie nämlich auf, fifty-fifty. Was sich zunächst wie eine vernünftige Entscheidung anfühlte: Niemand war irgendwem zu Unterhalt verpflichtet, gleichzeitig hatten wir beide die Chance, genug zu arbeiten, um uns über Wasser zu halten und eine intensive Beziehung mit Louise zu haben.

Wenn ich mir all die alleinerziehenden Mütter in meinem Umfeld angucke, die keinen oder nur wenig Unterhalt bekommen und deren Ex-Männer sich ansonsten weitestgehend aus dem Leben ihrer Kinder raushalten, habe ich ganz schön Glück mit Max, finde ich. Er betreute Louise immerhin schon mit einem halben Jahr drei Tage die Woche. Was für eine Sensation das war, wenn er sie mir mittags an die Uni zum Stillen vorbeibrachte! Gleichberechtigte Elternschaft: Check. Doch so gut alles in Sachen Louise geklappt hatte, als wir noch zusammenwohnten – beim Thema Wechselmodell hatten wir unsere Erwachsenenrechnung ohne die kleine Hauptperson gemacht, um die es bei alldem ging. Die war nämlich noch viel zu klein, um zu verstehen, warum sie heute hier und morgen da sein sollte und wann sie Papa oder Mama endlich wiedersehen würde. Bis heute ist das eine Zeit, über die wir nicht gerne reden. Denn hatten wir unsere Trennung noch einigermaßen sachlich vollzogen, wurde es ein Jahr später, als ich das Wechselmodell für untauglich befunden hatte, so richtig hässlich.

»Ich wollte so gerne, dass Ruhe einkehrt für Louise und sie ein Zuhause hat, in dem sie sich sicher fühlt«, sage ich. »Es war unglaublich schwer für sie. So viele Tränen bei den Wechseln, so viel Geschrei davor. Sie klammerte sich an den Möbeln fest, wenn sie gehen sollte, und es wurde und wurde nicht besser. Ich hatte irgendwann das Gefühl, dass wir die komplett falsche Entscheidung getroffen hatten.«

»Und ich hatte das Gefühl, du willst sie mir wegnehmen«, sagt Max.

Alle am Tisch schweigen, es gibt nicht viel zu sagen zu der schmerzhaftesten Episode unseres gemeinsamen Elternlebens. Bald waren keine Gespräche mehr möglich, in der Mediation, die eigentlich einen Konsens herstellen sollte, saßen wir uns als Feind:innen gegenüber, und schließlich entschied ein Gericht, dass die Beibehaltung des Wechselmodells für Louise immer noch das Beste sei. Bis heute wechselt sie zwischen uns hin und her, und auch wenn die Dramen um dieses Thema irgendwann ein Ende fanden: Wann immer es aufkommt, wird es emotional.

»Es hat Jahre gedauert, bis ich dir wieder vertrauen konnte, Max. Und wenn ich ganz ehrlich bin, hab ich dir das immer noch nicht ganz verziehen.«

»Was denn eigentlich genau? Dass ich um meine Tochter gekämpft habe? Dass ich sie in ihrem Leben begleiten wollte? Ich wollte nie ein Wochenend-Vater sein.«

»Es gab da nichts zu kämpfen. Es war mir nur wichtig, zusammen mit dir eine gute Lösung für Louise zu finden. Ihre Bedürfnisse in den Vordergrund zu stellen, und nicht deine oder meine. Ich glaube, dass sie bis jetzt versucht, Verantwortung dafür zu übernehmen, niemanden von uns zu verletzen. Dabei sollte es doch andersherum sein.«

»Stimmt«, sagt Louise. »Es ist oft richtig schwer für mich, zu wissen, was ich eigentlich will. Weil ich euch nicht enttäuschen möchte. Ihr seid mir halt beide wichtig.«

Hätte ich dieses Gespräch angefangen, wenn ich gewusst hätte, wie sehr das bei uns allen reinhauen würde? Ich glaube nicht. Aber jetzt gibt es kein Zurück mehr. Die Dinge liegen auf dem Tisch. Mindestens zehn Jahre haben wir sie nicht angerührt. Und jetzt sitzen wir hier. Ratlos. Wenigstens die jüngeren Kinder müssen unsere Misere nicht mit ansehen.

»Ich wünschte einfach, ich hätte das für dich lösen können, Louise. Ich wünschte, du müsstest dich damit nicht rumschlagen.« Heule ich etwa gleich? Pst, nicht verraten, falls ihr's bemerkt habt.

»Dann hättest du dich nicht von Papa trennen dürfen.«

»Das war keine Option. Dann wären wir alle noch viel unglücklicher geworden.«

»Ich weiß«, sagt Louise, aber wer weiß, ob das stimmt. Sie erinnert sich nicht an all die Streitereien, an die Enttäuschung, an die Tränen. Wie alle Trennungskinder auf der Welt wünscht sie sich, ihre Eltern wären zusammengeblieben. Was doppelt fies ist: Ihre jüngeren Geschwister erleben genau das – Mama und Papa, die sich lieben; ein Zuhause, in dem sie dauerhaft wohnen. Ich kann nichts daran ändern, dass es so gekommen ist. Und trotzdem tut es mir unendlich leid, dass ihr das nicht erspart geblieben ist.

»Das Beste ist doch, dass wir es irgendwann geschafft haben, unsere Elternbeziehung zu retten«, sagt Max. »Trotz der ganzen Differenzen, die wir wegen des Wechselmodells hatten. Dass wir gefühlt eine Familie sind, dass wir uns aufeinander verlassen können, an einem Strang ziehen. Ich glaube, das ist das Wichtigste.«

»Absolut«, findet das Kind. »Ich wüsste nicht, was ich tun sollte, wenn ihr immer noch so streiten würdet.«

Das war etwas, für das ich wirklich eine Weile gebraucht hatte damals: Zu begreifen, dass es manchmal besser ist, nicht auf dem eigenen Standpunkt zu beharren, möge er mir noch so viel richtiger erscheinen als der des:der anderen. Dass Aufgeben und Waffenstrecken erst den Weg zum Frieden öffnet. Noch immer glaube ich, dass wir damals danebengegriffen haben. Noch immer würde ich es anders machen, wenn ich könnte. Und trotzdem, da bin ich mir sicher, habe ich in Louises Sinne gehandelt, als ich aufhörte, darum zu kämpfen.

Heute feiern wir Geburtstage, Weihnachten und Silvester zusammen, und wenn Max, der nach unserem unrühmlichen Versuch bis auf ein paar sporadische Ausnahmen Single geblieben ist, eine Bootstour macht, sind die anderen Kinder auf jeden Fall dabei, genauso, wie er einspringt, wenn bei uns mal Babysitter:innenmangel herrscht. Wenn es sich ergibt, schlendern wir gemeinsam über den Flohmarkt. Oder Max sitzt so wie heute einfach mal in unserer Küche rum. Ich mag es so, wie es zwischen uns ist. Wir alle mögen es. Und wenn wir uns anschauen, aus welchem Tal der Finsternis wir kommen, dann ist es ganz und gar erstaunlich, unwahrscheinlich fast, zu welchen Höhen wir uns gemeinsam aufschwingen konnten. Inzwischen, glaube ich, verstehen wir sehr gut, was Katherine Woodward Thomas meint, wenn sie etwas schreibt wie dieses hier: »Und dies könnte vielleicht sogar die Essenz der wahren Liebe sein: zu lernen, wie man ›trotz allem glücklich‹ sein kann bis ans Lebensende, wie man das Unverzeihliche vergeben, voller Hoffnung im Herzen und Gutmütigkeit in Wort und Tat weitermachen kann.«

Wir beschließen, darauf noch ein Bier zu trinken. Und dann noch eins. Und dann bringt Max die Kinder ins Bett, als wäre es das Normalste auf der Welt.

Zwei Tage später liegt ein Brief von Paolo im Briefkasten. Ich zerreiß den Umschlag noch auf der Straße und falte ein vergilbtes Blatt Papier auf.

8. September
Katja.
Der Abend gestern war wunderbar. Ich habe Dich als eine weitere Person wahrnehmen können (einige kenne ich ja schon), habe wieder ein bisschen über Dich lernen können, durfte jedoch auch etwas Neues über mich erfahren. Ich weiß noch nicht genau, wie es aussieht, dieses Neue, aber es bewegt sich in etwas hinein, oder aus etwas heraus, das steht noch nicht fest. Klar ist allerdings meine Sehnsucht nach Dir, meine Ruhe in Dir und meine offene, wohlwollende, schlichte Akzeptanz gegenüber jedweder Situation mit Dir. Man könnte es fast Ignoranz nennen, wären da nicht die Emotionen.
Ich freue mich, Dich zu haben, Dir zu gehören. Den Rest klären wir später. Erst genießen wir und schöpfen Kraft aus uns.
Ti abbraccio
Dein Paolo

Wir haben beschlossen, abzuhauen. Für ein paar Tage zwar nur, aber eben abzuhauen. Die Wahl fiel auf ein Städtchen nicht allzu weit weg, sowieso musste ich hin wegen eines beruflichen Termins. Und da hocke ich jetzt, allein. Paolo ist schon wieder weg, so war es ja von Anfang an geplant: Er bleibt kürzer wegen der Arbeit, ich bleibe länger wegen der Arbeit.

»Kannst du nicht vielleicht noch ein bisschen hier sein?«, bettelte ich gestern, Blick von unten, aber nein, er konnte nicht. Wie soll ich jetzt allein sein, hier, in diesem hässlichen Hotelzimmer, in dem alles nach ihm riecht, selbst die Kacheln im Bad? Mit ihm war alles so reich, so dicht, so nah. Ohne ihn fühle ich mich wie ein Kind, dessen Hand losgelassen worden ist. Alleine der Stadt ausgeliefert. Nein, dem Leben. Was hab ich mich an ihn geklammert. Beim Sex sowieso, hab meine Fingernägel in sein Fleisch geschlagen, aber auch mit all meinen Gefühlen. Vielleicht war er entsetzt davon, so hatten wir schließlich nicht gewettet. Er hat kein Häuflein Elend erwartet, sondern eine Berglöwin. Eine Majestät. Stattdessen weinte ich wie ein Baby, weil der Abend nicht zu Ende gehen sollte (oh, oh, Schattenkind-Alarm!).

»Ich bin jetzt immer da«, hat er gesagt.

Kann ich ihm glauben?

In die Oper hat er mich gebracht. Mich, die seit der einen *Zauberflöte* damals mit fünf Jahren keinen Fuß mehr in ein Opernhaus gesetzt hatte und auch nie mehr vorhatte, es zu tun; warum sollte ich da mittanzen wollen, in diesem bildungsbürgerlichen, rückwärtsgewandten Zirkus? Ich war Punk. Oder es zumindest mal gewesen. Zum Zeichen meiner Rebellion trug ich Dr. Martens. Vielleicht trug ich sie auch nur, weil ich keine anderen Schuhe dabeihatte, aber meine Sorgen, unangenehm aufzufallen, waren unberechtigt. Im Vergleich zu all den Provinzbewohner:innen, die in schlecht sitzenden Anzügen und beigen Nylonstrumpfhosen gekommen waren, fühlte ich mich mit meinen Stiefeln top gekleidet in all dem Gold und Samt und Marmor um uns herum. Und kaum hatte der Vorhang sich geöffnet und das Spektakel begonnen, fragte ich mich, wie es sein konnte, dass ich das hier verpasst hatte, dass ich nicht gewusst hatte, was für eine unglaubliche Erfahrung eine Oper bieten konnte. »Der reinste Wahnsinn«, wiederholte ich auf dem Nachhauseweg, »der reinste Wahnsinn«, aber Paolo meinte nur: »War okay, hab schon Besseres gesehen.« So ein Angeber.

Noch durfte der Abend nicht vorbei sein, fanden wir, und fielen auf dem Weg zum Hotel in eine Jazzbar ein. Ranzig war es hier, es roch nach Schweiß und ausgekipptem Bier, nach Partys, die gefeiert werden würden an einem anderen Tag. Der Barkeeper trug Hut und Sonnenbrille, so wie es sich für einen ordentlichen Jazzbar-Wirt gehört, und das Bier, das er uns empfahl, schmeckte nicht schlechter als der Wein in der Oper. Es war Sonntag und nach zehn, und so waren wir fast die Einzigen, die den unrasierten Musikern an Klavier und Saxophon von der Bar aus zujubelten, Paolo auf dem Barhocker hinter mir, mich fest umschlungen mit seinen Armen. »Mit dir ist alles möglich«, hat er gesagt. »Gerade eben noch waren wir in der Oper, jetzt sind wir in dieser abgefuckten Kneipe, und du bewegst dich an beiden Orten, als hättest du nie etwas anderes getan.« Und noch etwas hat er gesagt.

»Ich liebe dich.«

Was bedeutet das in seiner Welt? Und was in meiner?

Die Journalistin Şeyda Kurt fragt sich in *Radikale Zärtlichkeit. Warum Liebe politisch ist*, ob wir das Verb »lieben« nicht einfach abschaffen sollten. »Die romantische Liebe wird seit jeher im Kapitalismus absichtlich als ein Mythos konstruiert«, schreibt sie. »Ein Mythos, der im Wesen so undefiniert bleiben muss, dass mir jede explizite Beschreibung unzureichend erscheint. Also kaufe ich, konsumiere ich, orientiere mich entlang kapitalistischer Standardisierungen. Ich versuche, ein Lebensgefühl zu konservieren, um dem Mythos Liebe Gestalt zu geben. Diese fünf Buchstaben *Liebe* legen sich wie ein bedeutungsschwangerer Nebel auf meine Gefühle. Nur wenn ich in meinen Gefühlsäußerungen so unkonkret wie möglich bleibe, kann ich dieses mystische Heilsversprechen aufrechterhalten.«

»Ich liebe dich« – das sind große Worte, für manche von uns jedenfalls. Worte, die wir scheuen auszusprechen, aus Angst, festgelegt zu werden auf etwas, was wir niemals versprechen wollten, und das unser Gegenüber irgendwann benutzt, um die Liebe einzufordern, als gäbe es eine Garantie für sie. »Ich kann nur lieben, wenn ich die Freiheit habe, auch zu verlassen«, dichtete Wolf Biermann einst, also so viel zu Paolos Versprechen: »Ich bin jetzt immer da« – er ist es, bis er es nicht mehr ist. Genau wie ich.

Auf jeden Fall aber kann ich sagen, dass ich ihn liebte, als er das Solei kommen ließ. Ich hatte ein großes Einmachglas mit eingelegten Eiern auf dem Regal über der Bar entdeckt und rätselte, was es mit diesen Dingern wohl auf sich hatte. »Geht weg wie geschnitten Brot, passt hervorragend zum Bier«, ermunterte mich der Wirt. Aber ich zierte mich so lange, bis es vor mir auf der Theke stand. »Jetzt musst du es auch essen«, hat Paolo gesagt, und ich tat es. »Das hier ist ein Liebesbeweis«, sagte ich und tunkte es in Senf, bevor ich es in meinen Mund schob, um es lange und ausgiebig zu kauen. Erinnerte mich daran, wie ich Paolo damals, ganz damals diese Show mit dem fremden Mann schenkte. Das Ei aß ich lieber. Aber noch lieber esse ich Paolo.

»Ich will ihn essen und ich will ihn trinken«, sagte ich vorhin zu Caro am Telefon. »Werde ich jetzt zur Kannibalin?«

Es gibt doch nichts Intimeres, als sich jemand anderes einzuverleiben. Lecke ich seine Finger, will ich sie schlucken. Er soll ganz mir gehören, seine Finger in mir drin. »Ich will dich für mich allein«, hat er gesagt, und so will ich ihn auch. Für mich allein. Was für eine billige Schmonzette.

Ich hab mein Blut von seinem Schwanz abgeleckt, hier in diesem Bett, in dem ich gerade liege. Sein Schoß war rot, als hätte man ihn ausgeweidet, dabei hatte ich nur meine Menstruation. Ein bisschen musste er sich überwinden, sagte, dass er das nicht gewöhnt sei, dass die anderen Frauen das nie wollten, also Sex, während sie bluteten. Ich hingegen will ihn immer ficken. Immer. Wie in der einen Nacht, als er hinter mir kniete, die eine Hand an meinem Hintern, die andere um meinen Hals, immer fester um meinen Hals, bis ich wusste: Gleich fall ich in Ohnmacht, weil keine Luft mehr. Aber dann hat er losgelassen und ist gekommen und später dann, als wir von vorne anfingen, sah ich in sein Gesicht dabei. Es entglitt ihm jegliche Kontrolle, alles verzerrt, wie ein Tier den Mund aufgerissen, Zähne gebleckt. Kann es nicht vergessen. Will wieder Tier mit ihm sein.

Uns gehört die Welt. So fühlt sich das an, wenn er bei mir ist. Ganz genau wie damals. Umso beißender die Leere, die er hinterlässt. Ist weggefahren also, Arbeit dies, Arbeit das. Arbeit nimmt er ernst, viel ernster als ich. Ich liebe seine Ernsthaftigkeit. Will doch so gern sein Leben führen. Angestellte bezahlen, Notare anrufen, Kaschmirpullover ohne Löcher tragen, geruchlos transpirieren. Ich war fast froh, als ich ein paar Schuppen auf seinem schwarzen T-Shirt fand und ein Ohrhaar, das ich ausreißen durfte. Muss ich mich nicht ganz so verwahrlost fühlen, hier im Hotelzimmerbett, ungeduscht auf den Blutflecken, die wir auf weißen Laken hinterließen. Paolo hingegen ist sauber und pünktlich losgefahren in sein Büro, zu seinen Pflichten, aber ich, ich denke nur an ihn, kann nicht schreiben, kann nicht lesen, führe ein ganz und gar unordentliches Dasein. Nur er allein kann meinem Leben Ordnung geben.

So weit wollte ich es doch nie mehr kommen lassen. Niemals mehr so emotional abhängig sein von irgendeinem Mann. Ich hasse dieses romantische »You make me happy«-Geschwafel. Niemand macht irgendjemanden auf Dauer happy. Am Ende sind wir füreinander immer eine riesige Enttäuschung, jedenfalls wenn wir voneinander Glückseligkeit erwarten. Weil wir ja doch alleine klarkommen müssen im Leben. Für uns selbst Verantwortung übernehmen. Weil der:die andere uns nicht ganz machen kann, wenn wir es selbst nicht können.

Wie gern würde ich ihm schreiben, dass ich mich verloren fühle ohne ihn, aber dann müsste ich es ja zugeben, mich klein machen und verletzlich. Ich glaube, da geht es mir wie den meisten anderen auch. Stefanie Stahl schreibt: »Viele Menschen trauen sich nicht, authentisch zu sein. Sie verstecken Teile von sich, indem sie bestimmte Gefühle unterdrücken« (ganz ich!), »ihre Bedürfnisse zu wenig äußern« (das auch!), »eine bestimmte Rolle einnehmen« (und wie!),

»Konflikte vermeiden und Probleme unter den Teppich kehren« (ähm, ja). »Wenn wir uns jedoch einem (scheinbar) stärkeren Gegenüber unterlegen fühlen, ist unsere natürliche Reaktion, uns zu unterwerfen (oder vor ihm zu fliehen).«

Ich entscheide mich einfach mal für beides: Unterwerfe mich, indem ich die Klappe halte. Und fliehe, indem ich mir roten Lippenstift ins Gesicht schmiere und mich in den schwarzen Jumpsuit quäle, den Paolo so gern an mir sieht. Ist immerhin mein letzter Abend hier, der darf nicht ungenutzt verstreichen.

Die Jazzbar ist heute schon deutlich voller, das Duo auf der Bühne nahezu euphorisch. Ich habe wieder den gleichen Platz an der Bar eingenommen, rufe, klatsche, salutiere, vernichte Bier um Bier. Dafür, dass ich noch nie allein in einer Kneipe war, mache ich das ganz gut, finde ich. Fange sogar ein Gespräch mit dem Wirt an, lasse es in eine literaturwissenschaftlich durchaus fundierte Analyse von Saša Stanišićs *Herkunft* münden – fragt mich nicht, wie es dazu kommen konnte – und schlage ihm, nach einigen weiteren Getränken, schließlich vor, mich ein bisschen zu würgen. Noch mehr als meine Offerte überrascht mich allerdings sein entspanntes »Na klar, aber dafür sollten wir rausgehen.« Kurz überlege ich, wie Paolo das wohl finden würde, aber wirklich nur kurz. Was weiß denn ich schon, wen er alles datet und wo er überall jagt; wir haben einfach aufgehört darüber zu sprechen, und das sicherlich mit Grund. Fest steht jedenfalls, dass es die an den Wirt herangetragene Idee ohne diese letzte Nacht mit ihm nicht gäbe und dass ich mich Paolo nahe fühle, als der Wirt auf nachtleerer Straße seine Hände um meinen Hals legt und mir die Luft abdrückt, als täte er den ganzen Tag nichts anderes. Wie das wohl aussieht? Bestimmt wie ein Verbrechen, aus der Ferne zumindest.

»Fester!«, fordere ich, doch der Wirt mag nicht fester drücken.

»Das ist gefährlich«, sagt er. »Für uns beide.«

Das Handy vibriert in meiner Tasche. Es ist mitten in der Nacht, also schaue ich darauf, man weiß ja nie. Es ist die Nummer, die ich nie mehr wählen wollte. »Da will ich nicht drangehen«, sage ich, doch das Vibrieren will nicht enden.

Der Wirt nimmt das Telefon. »Sie kann gerade nicht«, sagt er. Mit diesen Worten legt er auf und gibt mir die Kiste zurück. »Was ist? Gehen wir jetzt zu mir?«

»Auf keinen Fall.« Ich bin elendig erregt, doch schlafen will ich nur mit einem. Einen anderen Schwanz als Paolos auch nur in meiner Nähe zu sehen, kommt nicht infrage, ganz egal, was immer er auf Tinder oder sonst wo treiben mag. »Aber du könntest mir vielleicht noch eine runterhauen?«

»Du brauchst keine runtergehauen«, sagt der Wirt, und er wirkt auf einmal sehr, sehr weise unter seinem Hut. »Du brauchst eine Umarmung.« Und dann nimmt er mich in den Arm und drückt mich, bis mir tatsächlich Tränen kommen.

Paolo erzähle ich nichts von alldem. Es bleibt zurück in diesem Städtchen, zusammen mit dem Ohrring, der bei meiner kleinen Kampfkunsteinlage zu Boden ging und nicht mehr auftauchte, auch nicht, als ich am nächsten Morgen noch vor meinem Termin die Straße nach ihm absuchte.

Ich glaube nicht, dass es richtig ist. Aber was Richtigeres fällt mir gerade nicht ein. Zum Glück fragt Paolo nicht, wie der Abend war. Als hätte er einen Seismografen, der ihm genau anzeigt, wo es wehtun könnte.

Was ich am Freitag mache, fragt er stattdessen, als ich schon im Zug nach Hause sitze, mehr tot als lebendig (wie viel habe ich getrunken, dass ich mich so elend fühle?). Er hat Geburtstag und will feiern.

Am Freitag also. Genauso wie mein Sohn.

Verfluchte Scheiße.

—

Aber Dr. Kauz, vor dem ich ohnehin nichts verbergen kann, der macht sich Sorgen. »Sie bringen sich selbst in Gefahr«, sagt er mit Grabesstimme, als ich das nächste Mal bei ihm bin.

»Na ja, gibt Schlimmeres«, laviere ich.

»Sie wussten nicht, mit wem Sie sich da einlassen. Es hätte böse enden können.«

»Aber ist es nicht!«

»Ja, diesmal nicht.«

»Sie klingen wie ein Vater, der mit seinem Kind spricht. Ich bin erwachsen!«

»Aber Sie benehmen sich nicht so.«

Schweigen.

»Mir kommt es so vor, als ob Ihr Hang, genau wie Ihre Eltern Dramen zu produzieren, wieder durchschlägt. Als ob Sie es nicht gut sein lassen könnten.«

Dr. Kauz, was täte ich nur ohne Sie?

X

Vanja

Später Abend, Stadtrand, kein Mensch auf der feucht glänzenden Straße. Vanja ist umgezogen mit seinem Atelier, die Fabriketage, in der er früher wohnte und arbeitete, war irgendwann nicht mehr zu bezahlen. Das Gebäude, in dem er jetzt seine gigantischen Graphitzeichnungen anfertigt, gehört der Kunsthochschule. Treppe um Treppe steige ich mit meinem schweren Rucksack auf dem Rücken hinauf, »Wein oder Bier?«, habe ich am Telefon gefragt, »Beides«, hat Vanja geantwortet. Und »Zigaretten!« hinterhergeworfen.

»Katjucha!«, höre ich ihn von oben rufen, dann schiebt sich sein kahl rasierter Kopf zwischen Geländer und Treppenstufen. Ein gigantisches Grinsen lässt seine Augen zu winzigen Schlitzen werden, sodass es scheint, sein Gesicht wäre aus purer Glückseligkeit gemacht. Sofort weiß ich wieder, warum ich mich damals, vor zwölf Jahren, so durchdringend in ihn verliebt habe: Er lebt die Unbedarftheit eines Kindes zusammen mit der Schwermut eines Gebrochenen, er hat keinen Platz in dieser Welt, und doch schafft er es, in ihr zurechtzukommen. Die Tragweite all dessen erkannte ich allerdings erst später. Zunächst war ich ihm einfach nur verfallen.

Es ist nicht mehr der Ort, an dem wir damals so viel Zeit verbrachten, an dem ich Vanja beim Arbeiten zuguckte, beim Rauchen und beim Trinken, an dem wir Kartoffeln kochten und sie mit Hering und Zwiebeln aßen, an dem wir schnell und gierig miteinander schliefen. Aber es ist immer noch ganz Vanja. Seine Bäume sind hier, seine Wälder, seine Meere, schwarz auf weiß, mannshoch, zuweilen zumindest. Eimer mit dunklem Graphitwasser, Werkzeug, Stifte überall. Tischchen voll mit benutzten Gläsern, leeren Weinflaschen, überquellenden Aschenbechern. Und CDs, Hunderte, Tausende von CDs, Raubkopien vor allem, Zweitausender halt.

»Ich weiß auch schon, was wir hören«, sagt Vanja und zieht die *American IV* von Johnny Cash aus dem Regal. Kurz frage ich mich, ob er sich so gut an uns erinnert oder ob er einfach immer noch die gleiche Musik hört wie damals, und Vanja reagiert, als könne er meine Gedanken lesen: »Bei dir hat sich so vieles verändert. Du hast geheiratet, Kinder bekommen, Bücher geschrieben. Aber bei mir ist irgendwie alles beim Alten geblieben. Ich stehe immer noch hier und male Bilder.« Der Crémant-Korken knallt. »Obwohl, so ganz stimmt das nicht. Meine Bilder sind ja auch so etwas wie Kinder. Entwickeln sich, gehen raus in die Welt ...«

Während Vanja so redet, kann ich meinen Blick nicht von seinem Shirt losreißen. *Emporio Armani* steht drauf, aber es ist offensichtlich der billigste Polyester, den diese Welt je gesehen hat. Es hätte keinen Zweck, ihn zu fragen, warum er es gekauft hat – er würde es nicht wissen. »War halt in meinem Schrank«, würde er sagen, was für das meiste gilt, das sich in seinem Besitz befindet. Einmal hing plötzlich eine Perlenkette an seiner Garderobe. Sie gehörte definitiv nicht mir.

»Wo kommt die her?«, fragte ich.

»Keine Ahnung«, sagte Vanja.

»Letzte Woche war die aber noch nicht da.«

»Wer weiß. Vielleicht ja doch?«

Es ergab keinen Sinn, sich mit ihm über so etwas zu streiten. Wenn Vanja eine sexuelle Entgleisung hingelegt hätte, hätte er sie am nächsten Tag sowieso schon wieder vergessen wie einen Traum. Was für ihn zählte, war das Jetzt. »Jetzt bin ich doch da«, sagte er, wenn er mich mal wieder stundenlang warten ließ. »Was hast du denn?«

»Ich glaube, du bist der unzuverlässigste Mensch, den ich je getroffen hab«, beginne ich unser Gespräch. Recht undiplomatisch, ich weiß. Aber bei Vanja darf ich so was: Regeln des Anstands vergessen. Er kennt ja selbst kaum welche.

Vanja lacht, wir stoßen an. »Du bist nicht die Erste, die das sagt. Genau genommen ist es immer die gleiche Geschichte: Eine Frau verliebt sich in mich, eine Weile ist alles toll, dann will sie, dass es ernst wird, merkt, das klappt nicht mit mir, jedenfalls nicht so, wie sie sich das vorstellt, und weg ist sie. Alle verlassen mich. Immer.«

»Vielleicht wird es Zeit, was zu ändern?«

»Vielleicht.«

Wie genau das passieren soll, darüber mag Vanja im Moment nicht nachdenken. Lieber gießt er noch mal Schaumwein nach. Und erinnert sich an unsere erste Begegnung. »Das war im *Würger.* Du hattest so ein blau-weiß gestreiftes Matrosenhemdchen an und standest an der Seite mit irgendeinem Typen, der dich schon sicher glaubte. Aber irgendwie schaffte ich es, mich dazwischenzudrängen und dich für mich zu gewinnen.«

Es war ein Leichtes für ihn. Vanja war nicht nur der zauberhafte Anblick eines frischen, lebenshungrigen Stricherjungen zu eigen, nein, er war auch noch Russe, wie sich gleich bei seinen ersten an mich gerichteten Worten herausstellte, und an dieser Stelle, wenige Minuten nach unserem Kennenlernen, war mein Herz bereits verloren. Wer aus einem anderen Land kommt als diesem, kennt das: Du triffst jemanden, der:die von da kommt wie du, und sofort ist da dieses Gefühl von Heimat. Du willst dich reinlegen, dich ausruhen, alle Anspannung fällt von dir ab. Da ist jemand, der:die ist wie du. Nun werdet ihr vielleicht denken, dass mir das alle naselang passiert, aber tatsächlich hatte ich es dank der vorbildlichen Integration meiner Eltern geschafft, zwanzig Jahre lang in Deutschland zu leben, ohne in nennenswerten Kontakt mit meinen Landsleuten gekommen zu sein – alternde Verwandte einmal ausgenommen. Selbst die banalsten Kleinigkeiten wie »Willst du noch ein Bier?« oder »Hier hast du Feuer« (was man sich eben so über die Musik hinweg zuruft, nachts im Club, wenn man sich gerade erst kennengelernt hat) klangen aus Vanjas Mund so süß wie Moskauer Eis, denn er sagte sie auf Russisch, der Sprache meiner Kindheit, meiner Eltern, meiner Herkunft. Niemand in meinem unmittelbaren Alltag sprach so mit mir. Niemand außer Vanja.

»Wir fuhren dann mit dem Taxi zu mir nach Hause«, fährt er fort. »Aber wir haben nicht miteinander geschlafen, sind einfach aneinander geschmiegt eingepennt. Ich weiß sogar noch, wie deine Unterhose aussah. Es war so eine lila Spitzen-Shorty. Sehr hübsch. Wirklich sehr hübsch war die.«

»Dass du dir das gemerkt hast!«

»So etwas vergesse ich nicht. Überhaupt denke ich noch heute manchmal an uns. Es gibt da so einige Situationen … Die rufe ich mir gern ins Gedächtnis. Zum Beispiel, als wir bei dir gemalert haben.«

Sofort ist da wieder die Entrüstung von damals. Natürlich, Vanja und ich kannten uns gerade mal eine Woche, vielleicht war es ein bisschen viel verlangt, ihn gleich für die Renovierung meiner neuen Wohnung einzuspannen; der Wohnung, in die ich nach der Trennung von Max ziehen sollte. Andererseits, er hätte ja auch einfach Nein sagen können. »Stunden hab ich auf dich gewartet, Vanja! Bis du gekommen bist, hatte ich die halbe Wohnung fertig. Den Rest mussten wir dann schon im Dunkeln machen.«

»Ich hatte da was verwechselt, Tage, Uhrzeit, keine Ahnung … Am Ende war ich doch da.«

Und wie er da war. Wir fickten im Stehen, gleich neben den Farbeimern. Aber das war uns nicht genug. Nachdem wir gestrichen hatten, liefen wir raus in die Nacht, kletterten über eine Mauer und landeten im Park. Da machten wir es dann noch mal, in einer Art Springbrunnen. »… und du trugst ein weißes Trägerkleidchen, sonst nichts …« Vanja schließt die Augen, lächelt selig, und ich muss lachen. Beim Vögeln im Bassin verlor ich meine Kette, die einzige aus echtem Gold, die ich zu dem Zeitpunkt hatte. Meine Mutter hatte sie mir zum Geburtstag geschenkt, und ich weinte, als ich den Verlust bemerkte, also wateten wir auf Knien durch das Wasser, durchwühlten den Grund, aber sie war nicht mehr zu finden. »Ich kaufe dir eine neue«, versprach Vanja, »eine bessere sogar!«, aber er vergaß sein Versprechen genauso schnell, wie er es gegeben hatte. Eigentlich hätte ich an diesem Abend schon wissen müssen, dass Vanja allein zum Vergnügen auf dieser Welt war, dass ich mich nicht würde auf ihn verlassen können, aber nicht, weil er boshaft wäre, sondern leichtfertig wie ein kleiner Junge. Doch zunächst konzentrierte ich mich auf all das Schöne, das ein Verhältnis mit ihm mit sich brachte, und davon gab es eine beträchtliche Menge. Genau genommen hatte ich bis zu diesem Moment nicht mal den Hauch einer Ahnung, dass es so viel Schönes in irgendjemandes Leben geben konnte.

Louise und ich waren in diese winzige, unsanierte Wohnung gezogen, und das Geld, das ich an der Uni als studentische Hilfskraft verdiente, reichte gerade so für Nudeln vom Discounter und ab und zu mal was Hübsches vom Flohmarkt. Dass es irgendwo dort draußen Schöne und Reiche gab, Mondäne, Aufregende – geschenkt. Aber dass ich plötzlich in Penthouses auf Tischen tanzen, Koks von silbernen Tabletts ziehen, zu Partys in Schlössern fahren, mit Kunstsammler:innen und Galerist:innen abhängen würde, hatte ich schlicht nicht erwartet. Nun hatte ich durch eine glückliche Wendung des Schicksals genau das bekommen, und ich hatte nicht vor, es so schnell wieder aufzugeben.

Überhaupt gehörte es zu meinen vornehmlichen Wesenszügen – das wird euch inzwischen aufgefallen sein – das Besondere im Zwischenmenschlichen zu suchen. Der allerbeste Mann, die weltschönste Begegnung – drunter machte ich es nicht. Doch stets blieb das Besondere mehr Hoffnung als Realität, denn ich war lachhaft leicht zu blenden. Auf meine Begeisterung musste Enttäuschung folgen.

Je öfter Vanja sich verspätete, nicht zurückrief, verschlief, verschwitzte, vergaß, desto wütender wurde ich. Ich zerriss mich, um Zeit für all die Eskalationen aufzubringen, die das Leben mit ihm für mich bereithielt. Immerhin musste ich auch noch für Louise sorgen, Geld verdienen, studieren, zu bestimmten Zeiten an bestimmten Orten sein, funktionieren. Ich wollte mich auf ihn verlassen können, wenigstens ab und zu ein wenig Ruhe mit ihm finden, einen Hauch von Alltag möglicherweise.

»Nicht, dass ich das gekonnt hätte«, sagt Vanja, als wir schon bei der zweiten Flasche angekommen sind. »Aber im Gegensatz zu den Freundinnen, die ich nach dir hatte, hast du nicht mal direkt gesagt, was du willst. Sondern fingst stattdessen an, mir zu erzählen, mit wem du außer mir noch alles schliefst. Da hast du den einen kennengelernt, dann triffst du noch diesen … Ich hab überhaupt nichts mehr kapiert!«

Tatsächlich fallen mir einige unrühmliche Geschichten ein. Wie ich einen Tontechniker kennenlernte, der im selben Gebäudekomplex sein Studio hatte, und bei dem ich die Nacht verbrachte, als mein werter Geliebter im Suff die Tür nicht öffnete. Oder wie ich von Vanjas Geburtstagsdinner mit einem seiner engsten Freunde in ein Hotelzimmer verschwand, um eine Stunde später wieder unschuldig lächelnd an seiner Seite zu sitzen. Vanja lacht über diese Episoden sein sonniges Lachen. Alles halb so wild, sagt er.

»Warst du gar nicht wütend auf mich?«

»Ach, was sollte ich wütend auf dich sein? Ich war doch selbst kein Heiliger. Nicht, dass ich andere Frauen gehabt hätte in der Zeit. Aber ich hab es dir auch nicht leicht gemacht, mit mir zusammen zu sein. Ich war nie ein Romantiker. Rote Rosen, Heiratsanträge – so funktioniere ich nicht. Ich brauche diese ganzen großen Gesten nicht, dieses Werben.«

»Aber was ist mit dem Gefühl, dass man sich aufeinander verlassen kann? Du warst irgendwie immer mit dir selbst beschäftigt. Schwirrtest von einem Vergnügen zum nächsten, egal, was um dich herum geschah.«

Tatsächlich war es naheliegend, Vanja für meine Verrohung verantwortlich zu machen, für den Verlust jeglichen Anstands, aller Integrität. Damals zumindest war es das. Heute schaudert es mich beim Gedanken daran, wie ich einfach zurückschlug, statt meine Grenzen zu zeigen. Ich hätte reden müssen, und wenn das nichts gebracht hätte – und Vanja und ich wissen beide, dass es so gewesen wäre –, hätte ich gehen müssen, als ich merkte, dass ich nicht bekommen kann, was ich brauchte.

Ob er sich noch an unsere Trennung erinnert, frage ich.

»Es gab keine. Da war kein Moment von: Jetzt ist es vorbei, und wir sehen uns nie mehr wieder. Es schlich sich einfach aus.«

»Das hab ich anders in Erinnerung. Ich lernte jemanden kennen.«

»Stimmt! Der hieß Heinrich. Jetzt weiß ich es wieder. Du hast mich noch wie so einen Trottel zu seiner Buchpremiere mitgenommen, wir haben sogar mit ihm zusammen Fotos gemacht. Und dann hast du mir erzählt, wie sehr du darauf stehst, von ihm verhauen zu werden.«

Okay, Heinrich war wirklich nicht ohne, das muss ich zugeben. Aber er wirkte, auf den ersten Blick zumindest, um einiges solider als Vanja. Und nach nichts sehnte ich mich nach den Monaten voller geplatzter Verheißungen mit Vanja mehr als nach Solidität. Eines Nachts, als Heinrich nach einer kleinen Eskapade mit mir in tiefen Schlaf gefallen war, erinnerte ich mich, dass Vanja noch mein Wolltuch hatte. Nicht irgendein Wolltuch, versteht sich, sondern so ein russisches mit Rosenstickereien, das schon meiner Oma gehört hatte und das ich dringend wiederhaben musste. Natürlich war Vanja noch wach, und natürlich schliefen wir miteinander, nachdem ich ihm erzählt hatte, was für ein Halsband und welche Leine ich gerade eben noch für Heinrich hatte tragen müssen. Zum Abschied legte er *Who Let the Dogs Out* auf, was mich fürchterlich ärgerte; wie konnte er nur diesen grundsoliden Mann mit seinem grundsoliden Fetisch ins Lächerliche ziehen? Vor lauter Ärger vergaß ich das Tuch, als ich aus dem Atelier stapfte, aber als ich unten im Hof stand, ging eins von Vanjas Fenstern auf. »Woof, woof, woof, woof«, tönte es von oben aus den Boxen, mir zum Hohn. »Dein Schal«, rief er und warf ihn mir in die Arme. Und dann: »Katjucha! Du wirst dich mit ihm noch zu Tode langweilen!«

Aber selbst wenn dem so gewesen wäre, in diesem Moment war es mir egal. Alle Langeweile dieser Welt war mir lieber, als mir weiterhin sinnlos die Birne wegzukoksen. Und so sahen wir uns also zum allerletzten Mal.

»Wir haben uns danach aber noch wiedergesehen«, korrigiert Vanja. »Einmal gingen wir essen mit ein paar Leuten, da hattest du gerade ein Baby bekommen. Und dann, wieder einige Jahre später, begegneten wir uns ganz zufällig in einem Restaurant. Du hattest da einen Typen dabei, so einen schüchternen.«

»Ist schon länger vorbei mit uns. Aber du, du hattest so eine hübsche blonde Frau, das weiß ich noch.«

»Auch schon vorbei. Jetzt ist sie verheiratet, hat zwei Kinder bekommen. Aber wir sind immer noch super eng befreundet, gerade erst waren wir alle zusammen im Urlaub. Ich liebe sie immer noch, genau wie ich dich noch immer liebe. Warum haben wir beide uns all die Jahre nicht gesehen? Dafür gibt es doch keinen Grund! Ich verstehe diese Menschen nicht, die sagen: So, jetzt trennen wir uns, das mit der Liebe ist vorbei, raus aus meinem Leben! Nein, Liebe bleibt doch, sie verändert sich nur.«

Was für eine schöne Vorstellung – Beziehungen nicht als feste Größe zu begreifen und für gescheitert zu erklären, wenn sie sich in eine andere Richtung entwickeln als ursprünglich vorgesehen. Sondern weiter gemeinsam im Leben voranzugehen, nur eben anders.

Bei der nächsten Flasche Crémant fragt Vanja nach Louise, die damals gerade mal zwei Jahre alt gewesen ist. »Jetzt ist sie vierzehn, ein erwachsener Mensch quasi«, sage ich und recke einen mit Plateau-Dr. Martens beschuhten Fuß in Größe 39 in die Höhe. »Hier, ich trage ihre Schuhe!« Und wir müssen beide lachen, denn es ist wirklich viel Zeit vergangen, und irgendwie auch wieder nicht, denn wir beide sitzen heute hier und spüren unsere Verwandtschaft. Ich weiß nicht, ob ich das, was ich für Vanja empfand, Liebe nennen würde. Dafür war mein Gefühl für ihn viel zu verzweifelt und zu unstet. Aber wenn wir es Zärtlichkeit nennen und Nähe, wenn wir ihm einfach einen anderen Namen geben oder sogar zwei, dann ist es genauso, wie Vanja es gesagt hat: Es hört nicht auf, es verändert sich nur.

Damals, vor zwölf Jahren, war meine Enttäuschung zu groß, dass das mit uns nicht so geworden war, wie ich es mir vorgestellt hatte. Dass Vanja nicht der war, den ich gesucht hatte. »Im Übrigen müssen Sie davon ausgehen, dass Ihr Partner so ist, wie er ist, weil er so sein *will*, und akzeptieren, dass er so sein *darf*«, schreibt Thomas Meyer. »Auch wenn Sie mit Ihren Beanstandungen (...) wahrscheinlich in vielen Punkten recht haben: Es nützt Ihnen nichts. Wer seinen Partner verändern will, macht bloß zwei Menschen unzufrieden.«

Hätte ich ihn als den genommen, der er war, hätte ich nicht von ihm gefordert, was er nicht geben konnte, hätte auch ich mit ihm vielleicht eines Tages zusammen mit Mann und Kindern in den Urlaub fahren können. Wir brauchen den meisten Menschen nicht dafür zürnen, was sie sind. Sondern höchstens uns selbst dafür, dass wir sie nicht sein lassen können.

Vielleicht begreife ich das heute zum ersten Mal so richtig. Heute, als ich Vanja in seiner ganzen Schönheit sehe, in all dem, was er zu geben hat, und nicht in dem, was möglicherweise fehlt.

Ich schaue auf die Uhr. Meine Augen haben Mühe, die Zeiger zu fixieren, irren hilflos auf dem Zifferblatt umher.

Vanja verzieht sein Gesicht. »Musst du etwa schon nach Hause?«

»Ich hab meinem Freund versprochen, dass ich noch zu ihm komme. Aber jetzt weiß ich gerade gar nicht mehr, wie ich das schaffen soll. Ich fürchte, ich bin hackedicht.« Dann hab ich die rettende Idee: »Vielleicht kann er mich abholen? Du musst ihn ohnehin kennenlernen!«

Und so kommt es, dass eine halbe Stunde später besagter Freund, der eigentlich schon im Bett war und gerade das Licht löschen wollte, seinen Kopf in die Ateliertür steckt und Vanja »Trink ein Bier mit uns!« ruft, diesmal auf Deutsch, und ich merke, dass es egal ist, in welcher Sprache er spricht, denn seine Stimme trifft mich immer ganz tief und nah. Und als wir alles Bier getrunken haben, das wir finden konnten, und alle Zigaretten geraucht sind, die es noch gab, und als ich endlich meinen Trenchcoat anhabe und wir schon viel zu lange geblieben sind, viel länger, als wir abgemacht hatten am Telefon, da holt Vanja zum endgültigen Vernichtungsschlag aus.

»Wir könnten jetzt gehen«, sagt er, während er sich in Zeitlupe auf die Stereoanlage zubewegt. »Wir könnten aber auch noch ein bisschen tanzen.«

Russischer Ska plötzlich von überall, und was sollen meine Füße da schon anderes machen? Sie tanzen. Und das Letzte, woran ich mich erinnere, ist, wie ich mir den Mantel vom Körper reiße und in die Ecke pfeffere.

Denn wer will schon gehen, wenn er:sie genauso gut auch tanzen kann.

»Ich hab das Gefühl, mich nicht auf dich verlassen zu können«, sagt Paolo am nächsten Tag. Wir sitzen auf der roten Couch, oder zumindest hatten wir das vor, aber in Wirklichkeit ist er der einzige von uns beiden, der noch sitzen kann; ich dagegen liege, habe mich hinter ihm um seinen Hintern geschlungen wie ein toter, schlaffer Wurm.

»Was?«, frage ich, weil ich mir nicht sicher bin, ob ich ihn richtig verstanden habe, da unten, wo ich liege, zwischen all den Polstern, und er ja eigentlich arbeitet, irgendwas mit Excel, ich sah das aus dem Augenwinkel, vorhin, bevor meine Lider zufielen und sich weigerten, jemals wieder aufzugehen.

»Das war gestern ein wirklich schöner Abend«, sagt er. »Ich hab es geliebt, dich tanzen zu sehen, zu sehen, wie sehr du das genießt.« Eine gute Einleitung, das muss ich sagen. Er beugt sich zu mir runter, bis ich ihn riechen kann – meine Sinne funktionieren sehr eingeschränkt im Moment, es bleiben mir nur einige wenige. Was für ein Glück, dass Paolo stets Wohlgeruch umgibt, selbst nach dem Sport (den wir heute selbstverständlich nicht getrieben haben). »Aber es war Montag! Du wusstest genau, dass ich früh rausmuss, dass ich einen langen Tag vor mir habe. Und statt dass du, wie ausgemacht, zu mir kommst, klingelt um elf mein Telefon und ich muss dich abholen. Und irgendwann hab ich dich endlich so weit – ich weiß nicht, wie viele Anläufe ich dafür gebraucht habe –, dass du dich anziehst und wir gehen können, da pfefferst du deinen Mantel in die Ecke und plötzlich ist es drei!« Er wird nicht laut, während er so redet, er wird nicht vorwurfsvoll. Er ist verletzt. Dabei hatte ich gar nicht mitbekommen, dass er sich unwohl fühlte.

»Warum hast du nicht gesagt, dass du gehen willst? Ich meine, richtig deutlich gesagt, nicht nur vorsichtig angedeutet?« Bedürfnisse müssen klar kommuniziert werden, wissen wir doch alle.

»Weil ich so nicht bin. Ich gehe nicht über dich drüber in so einem Augenblick. Sondern ich erwarte, dass du mich wahrnimmst.«

»Ich war viel zu betrunken dazu.« (Und wenn wir ehrlich sind, ich bin es noch jetzt. Aber das sage ich lieber nicht laut, es reicht, dass du mich leiden siehst. Meinen Suff kann ich auch für mich behalten.) »Wenn das der Fall ist, musst du halt klarer werden. Das ist nicht schlimm, ich halte das schon aus.«

»Das ist auch so eine Sache. Hattest du das vor, dich so abzuschießen, an einem Montagabend?«

»Nein. Aber manchmal muss man eben mit dem Flow gehen. Ich bin halt spontan.«

»Du bist impulsiv, das ist es. Ist dir schon mal aufgefallen, dass es dir wirklich schwerfällt, weiter als bis in einer halben Stunde zu denken? Wenn wir schlafen gehen wollen, fallen dir noch hundert Dinge ein, die wir besprechen müssen. Wenn wir Mittagspause machen, reicht dir einmal Sex nicht. Und wenn wir auf einen Drink rausgehen, werden es mindestens drei. Du schiebst die Konsequenzen deines Handelns beiseite und machst einfach das, was du gerade willst.«

Genau das, was ich Vanja vorgeworfen habe damals. Hassen wir an anderen, was wir selbst in uns tragen? Es fällt mir schwer, konsistent zu sein, bei einmal getroffenen Entscheidungen zu bleiben. Vor allem aber will ich immer weiter, immer mehr, niemals aufhören.

»Das macht mir Angst«, sagt er.

Und mir macht es das auch. Mein Hang zu unüberlegtem Handeln hat mir schon vieles kaputt gemacht (ihr seid meine Zeug:innen). Wirklich, es wird Zeit, damit aufzuhören.

Am Nachmittag spazieren wir durch den Park. Aus Vernunftgründen. »Du musst an die Luft«, hat Paolo beschlossen, und ich habe brav Folge geleistet. Im Sommer hatte er sich noch ausdrücklich gewünscht, dass wir unsere Romanze in den Herbst hineinretten. Nun ist sein Wunsch Wirklichkeit geworden. Es ist grau und regnerisch, nix goldener Herbst, einfach nur nass und kalt um uns herum. Ich friere in meinem Wollmantel, da kann ich mich noch so sehr an ihn randrücken unter unserem kleinen Schirm. Nach nur wenigen Minuten sind seine Socken schon nass an den Zehenspitzen, seine guten Lederschuhe sind einfach nicht gemacht für solch ein Wetter.

»Siehst du«, sage ich, »wie sehr sich meine Dr. Martens mal wieder bewährt haben!«

»Du bist das erste Mädchen in Dr. Martens, die ich je geküsst hab«, entgegnet er, und weil ich nicht aufhören kann, so laut über ihn zu lachen, dass sich die anderen unerschrockenen Spaziergänger:innen in regenfester Kleidung nach uns umdrehen, drückt er meinen Mund mit seinem zu, bis ich wieder still bin. Irgendwas in mir will auch das *letzte* Mädchen in Dr. Martens sein, das er je geküsst hat, aber das ist albern, also zügele ich meine Gedanken, meine sündigen. Seine sogenannten Mädchen tragen sowieso so etwas wie Pumps.

Wir sprechen über das Ballett, das wir uns nächste Woche ansehen wollen, über die Arbeit und irgendwann auch über die Frage, wie viel Wahrheit man sich in der Liebe wohl gegenseitig zumuten sollte. Paolo ist schon irgendwie für die Wahrheit, aber auf jeden Fall dagegen, sie sich aus Prinzip aufs Butterbrot zu schmieren: »Manche Dinge sind einfach nur verletzend, ohne einen wirklichen Bezug zur Beziehung zu haben. Ich finde, die kann man dann auch einfach für sich behalten. Wozu sollte man mit denen rausrücken, außer um das eigene Gewissen zu erleichtern?«

Ich hingegen lebe nach dem Alles-muss-raus-Prinzip. Schon immer wurde in meinen Beziehungen alles besser, wenn unangenehme Wahrheiten ausgesprochen wurden. Zurückhalten hingegen wurde auf Dauer stets zum Keil, der sich zwischen mich und meine Partner drängte. Paolo also will tendenziell nichts wissen, das ihn verletzen könnte. Sein gutes Recht. Aber ich, ich muss alles vor mir auf dem Tisch liegen haben, damit ich aufrichtig entscheiden kann: ja oder nein. Dieser Mensch mit all seinen Fehlern und Grobheiten oder nicht.

»Und was ist mit Fragen?«, will ich wissen. »Wenn man dich fragt, dann würdest du doch nicht lügen, oder? Denn echt, für mich wär das ein absoluter Grund zu gehen.«

»Nein, lügen würde ich nicht«, sagt er, und da erinnere ich mich an was, was ich ihn schon lange fragen wollte, aber mich nicht getraut hatte, aus Angst vor ebendieser Verletzung: »Wenn ich dich fragen würde, ob du was mit Caro gehabt hast, was würdest du da sagen?«

Ein verlegenes Grinsen zuckt über seinen Mund, die Augen schlägt er nieder. Ertappt. »Wie definierst du denn ›Was mit Caro gehabt?‹«, fragt er, um Zeit zu schinden. Das ist der Moment, in dem ich alles weiß, so viel jedenfalls, dass ich schon gar nicht mehr weiterzureden brauche. Paolo tut es natürlich trotzdem. »Ach, es war komplett belanglos. Eine Trotzreaktion! Erst hattest du Schluss gemacht, dann warst du auf der Buchpremiere wieder so anschmiegsam, als ob nichts gewesen wäre. Ich verstand rein gar nichts mehr. Und beschloss, mich ein bisschen abzulenken.«

»Na, herzlichen Glückwunsch!« Meine Stimme klingt pampiger als beabsichtigt. Er hört das sofort, ergreift meine kalte Hand mit seiner klammen. Mit allem hat er recht. Wir waren getrennt. Und selbst wenn wir es nicht gewesen wären: Es gab ja keine Abmachungen. Gibt es bis heute nicht. Jede:r macht, was er:sie machen will, oder mit anderen Worten: Kein Gesetz ist unser Gesetz. Wenn er wollte, könnte er mir im Gegenzug wegen dieser lächerlichen Sache mit dem Kneipenwirt zürnen, wenn er davon wüsste, ich selbst zürne mir ja schon deswegen! Warum nur bin ich an dieser einen Stelle so leicht verwundbar? – Weil ich mich in der Beziehung mit Paolo nicht sicher fühle, erkläre ich mir selbst in Gedanken. Mit Julius bin ich safe, geborgen und behaglich. Er wird nicht gehen, nur, weil eine andere die hübscheren Brüste hat. Bei Paolo hab ich da Zweifel, möglicherweise sogar berechtigte.

Schweigend stapfe ich vor mich hin. Ich weiß, wie töricht ich mich aufführe, wie unsinnig und wie kindisch. Und doch ist die Verletzung stärker als meine Ratio. Es tut so weh, dass du an *meinem* Abend, mit *meiner* Freundin … Fürchterlich weh.

»Ich hasse das Gefühl, etwas Falsches getan zu haben«, sagt er. »Ich hasse es generell. Aber bei dir, wo ich doch nur weich und warm bin und sein möchte, hasse ich es ganz besonders.«

»Du hast nichts Falsches gemacht«, antworte ich. »Ist nur meine Achillesferse.«

»Aber das Gefühl, etwas getan zu haben, dass dir wehtut oder dich zumindest ärgert, ist wirklich schrecklich. Unabhängig davon, ob richtig oder falsch.«

Und mit diesen Worten nimmt er mich in die Arme, und ich spüre mit meinem ganzen durchgefrorenen Körper, der sich da unter dem Mantel verkriecht, dass wir besser geworden sind. So viel besser, als wir jemals waren.

—

[21.10., 01:41] Paolo: Das ist tatsächlich langsam wieder der Punkt, an dem wir so oft entgleist sind. Der Punkt, an dem wir sonst gebremst haben. Scheint nur so, als ob wir diesmal vorher Fahren gelernt haben.

[21.10., 01:43] Ich: Wir werden immer besser darin. Hab keine Angst vor dem Entgleisen.

[21.02., 01:43] Paolo: Wie komisch. Weißt du noch, deine erste Nacht bei mir? Ich habe fast gar nicht geschlafen und wusste nicht, wie ich die Nacht durchhalten kann. Heute, ganz im Gegensatz, weiß ich nicht, wie ich die Nacht ohne dich durchhalten soll.

[21.10., 01:45] Ich: Ja. Komisch. Wirklich. Ich glaube aber, daher kommt meine Angst manchmal, weißt du. Weil ich das so unberechenbar fand.

[21.10., 01:46] **Paolo:** Das war es. Komplett nicht nachvollziehbar. Aber das hast du selbst gerade geschrieben: keine Angst mehr vor dem Entgleisen.

[21.10., 01:46] **Paolo:** Wir passen aufeinander auf. Das können wir uns inzwischen glauben. Das haben wir gelernt.

X

Heinrich

Eines von diesen Prunkhotels also. War ja klar, dass Heinrich nicht irgendwo absteigt, wenn er in der Stadt ist. Und doch hatte ich schlicht vergessen, wie sehr ihm Protz behagt. Er habe einen vollen Tag, schrieb er mir, genau genommen seien alle Tage dieser Woche über und über gefüllt mit Terminen, aber heute Abend könne er sich etwas freinehmen für mich. Wie es mit einem Dinner in seinem Hotel wäre?

Es war nicht schwer, ihn ausfindig zu machen. Schließlich ist er in der Politik, und Politiker müssen sichtbar sein. Etwas anderes war es, an ihn heranzukommen. Wie ihm schreiben, ohne bei einer seiner zahlreichen Assistentinnen aufzulaufen? Seine persönliche Website war inzwischen abgeschaltet, seine Facebook-Seite wurde sicher von irgendwelchen Praktikant:innen gepflegt. Menschen in seiner Liga wollen nicht mehr erreichbar sein, jedenfalls nicht von irgendjemandem. Wenigstens war er noch auf LinkedIn angemeldet, aber es vergingen mehr als drei Wochen, ehe er sich endlich mit einer knappen Nachricht zurückmeldete.

Und nun bin ich hier. Stöckele in heute Vormittag noch extra für diesen Anlass erstandenen schwarzen Stiefeletten durch die S-Bahn-Station und schüttele dabei gekonnt mein Haar, in dessen akkurate Erscheinung ich vorhin eine ganze Stunde investiert habe. Ich will Heinrich auf Augenhöhe begegnen. Nicht als die kleine Katja, auf die er damals herabgeschaut hat. Sondern als Erwachsene. »Lass uns doch noch eine kleine Runde drehen, bevor wir reingehen«, hatte er gesagt. »Ich hole dich an der S-Bahn ab.«

An einem Bahnsteig der S-Bahn hatte es auch damals mit uns begonnen. Die Anfänge des Onlinedatings trieben gerade schönste Blüten, noch gab es kein Tinder, niemand sprach von Kommerzialisierung, Gaslighting oder anderen Schrecken des Zwischenmenschlichen, die inzwischen als ausgemachte Phänomene der Post-Postmoderne gelten. Im Gegenteil, immer wieder hatten mich aus meinem Freund:innenkreis Nachrichten von glücklichen Beziehungen, die auf Seiten mit nicht allzu vielversprechenden Namen wie *FriendScout24* ihren Anfang genommen hatten, erreicht, und so hatte auch ich beschlossen, mein Glück dort zu versuchen. Die Katastrophe mit Vanja war gerade in vollem Gange, nichts war mir also willkommener als der Gedanke, endlich jemanden zu finden, mit dem ich in den Sonnenuntergang reiten konnte. Nach einer mehrtägigen Chatphase erschien mir Heinrich in meiner grenzenlosen Naivität dafür durchaus geeignet: Er wirkte zugewandt, intelligent, erfolgreich – und erregte mich mit der Aussicht auf Sexualpraktiken, von denen ich nicht mal gewusst hatte, dass es sie gab.

Genau wie heute hatte er mich an der Haltestelle abholen wollen. Zunächst lief ich an ihm vorbei. Ich hatte jemand Jüngeres, Schlankeres, Unbebrilltes erwartet, so wie er sich auf seinen offensichtlich Jahre alten Fotos präsentiert hatte, aber was ich hier aus dem Augenwinkel sah, war – wie soll ich es sagen? – ein Onkel. Ein richtiger *Onkel*. Etwa vierzig, groß, füllig, Steppjacke und Panto-Brille. Ein reicher Onkel. Ein perverser Onkel, das auch. Wobei man ihm das mit der Perversität echt nicht ansah, in Erwartung dieser war ich aber schon auf besagtem Bahnsteig trotz der herumliegenden Schneeberge – wir schrieben den zweiten Januar eines eiskalten Winters – flatterig und erhitzt. »Katja!«, rief er hinter mir her. Da erst erkannte ich eine entfernte Ähnlichkeit.

Jetzt steht er ganz am Ende des Bahnsteigs, die Hände in den Hosentaschen seines grauen Tweed-Anzugs vergraben. Er hat nicht gerade wenig zugenommen, das erkenne ich schon von Weitem, auch seine Haare sind lichter geworden, was mich mit unangenehmer Genugtuung erfüllt. In Gedanken fahre ich mir selbst über den Mund. Warum bin ich nur so gehässig seinem alternden Körper gegenüber? Bei anderen Menschen bin ich doch auch in der Lage, die Zeichen der Zeit als eben das wahrzunehmen und zu würdigen, was sie sind: Zeichen der Zeit. Hat das Gefühl, gedemütigt worden zu sein, mich denn auch zwölf Jahre später nicht verlassen? Plötzlich erinnere ich mich an die Fantasien, die mich nach einiger Zeit unserer Bekanntschaft wie aus dem Nichts überfielen, sobald ich seine Wohnung verließ, um mich auf den Weg nach Hause zu machen. Er sollte nackt und bäuchlings auf dem Boden liegen, völlig wehrlos und mir ausgeliefert, und ich würde mich in meinen Stiefeln auf ihn draufstellen, nachdem ich ihm ein paar sachte Tritte gegeben hatte, ein Fuß auf seinem Rücken und einer auf seinem Handrücken, und auf dem würde ich so lange herumtrampeln, bis er schreit und winselt. So sehr ich mich in solchen tagträumerischen Augenblicken, die mir bis dahin unbekannt waren, über mich selbst erschreckte, so sehr genoss ich auch das Gefühl von Macht, das meinen Körper durchströmte, wenn ich mich ihnen hingab. Macht, die er zuvor über mich ausgeübt hatte.

»Hallo, Katja«, sagt Heinrich und drückt mich an seinen großen, mächtigen Körper, und sofort fühle ich mich wieder klitzeklein, so wie damals, als ich nach unserer ersten gemeinsamen Nacht in seinem riesigen Bett erwachte, mit nichts als einem Hundehalsband aus grobem schwarzen Leder um den Hals.

»Hallo«, hauche ich mit erstickter Stimme.

Heinrich wirft mir einen belustigten Blick von oben zu. »Du schreibst jetzt also.« Offensichtlich hat er sich informiert.

»Na ja«, stammele ich. »Schon irgendwie.«

Zusammen laufen wir die Treppe hinab und auf die Straße. Ich habe Schwierigkeiten, mit ihm Schritt zu halten, seine Beine sind ungefähr dreimal so lang wie meine. Die Absätze waren vielleicht doch nicht die beste Idee.

»Und, wie läuft es so?«, fragt er.

»Ganz gut. Also letztes Jahr hab ich …«, beginne ich zu erzählen, aber schon nach wenigen Sätzen überkommt mich das Gefühl, dass es Heinrich nicht die Bohne interessiert, was ich da von mir gebe.

»Hm«, macht er, »mhm«, und starrt dabei so konzentriert auf den Gehweg vor sich, dass ich meine Ausführungen höflich abkürze und im Gegenzug frage, wie es auf der neuen Position denn so sei, von der ich im Internet gelesen habe.

Oh, die neue Position! Alles fantastisch, blendend, wundervoll. Über die neue Position lässt sich wirklich vieles sagen, was er auch tut, genau wie über all die Positionen, die es schon vorher gab, zum Beispiel auch zu meiner Zeit. Apropos meine Zeit, herzzerreißend sei es ja gewesen, dass ich mich nach so vielen Jahren wieder gemeldet habe, auch er habe ab und zu an mich gedacht und an den ganzen Spaß, den wir zusammen hatten. Galant manövriert er mich mit dem Arm um meine Schulter durch die Tür des Hotels, lässt uns im Restaurant von einem Kellner die Mäntel abnehmen und schreitet voran zu dem Platz, an dem er anscheinend für gewöhnlich zu speisen pflegt.

Hastig bestellt er uns das Menü, für mich einen Spätburgunder (»Der passt hervorragend!«), für sich nur Wasser. Schon damals galt das Credo »Kein Alkohol« für ihn. »Ich mag es nicht, nicht die volle Kontrolle zu haben«, sagte er, und ja, ich wusste genau, was er damit meinte. Er hatte immer die Kontrolle. Über alles. Über alle. Er hat mich nicht gefragt, ob ich einverstanden bin mit dem Essen oder mit dem Wein. Er hat das entschieden, so wie er immer alles entschieden hat. Ich weiß, ich sollte jetzt aufbegehren. Das hätte ich schon vor zwölf Jahren tun müssen. Es gab Tausende Momente dafür. Genau genommen war unsere ganze Beziehung ein einziger solcher Moment. Er begann spätestens, als Heinrich mich, mir den Mund zuhaltend, nach unserem ersten Restaurantbesuch bäuchlings auf einen Fenstersims in seinem dunklen Hausflur drückte und seinen Schwanz ganz ungefragt und ohne Kondom in mich hineinrammte. Kurz war ich perplex, aber dennoch aufgeregt genug, um darüber hinwegzugehen, dass sich das ganz und gar nicht stimmig anfühlte. Heinrich spielte das Spiel mit der Überraschung perfekt. Und bei mir zumindest funktionierte es. Denn schon waren wir in seiner Wohnung und nackt. Mit dem Gürtel schnürte er meinen Oberkörper ein und fickte mich im Stehen, von hinten, eine Hand schlang er dabei um meinen Hals. Ich erhaschte einen Blick von uns im großen Spiegel, der an der Wand lehnte: Wir waren unglaublich. Ich befand mich bereits in einem Zustand höchster Verzückung, als er mich über seine Knie legte und mit dem Gürtel rote, schmerzhafte Striemen auf meinem Hintern produzierte, als er mich an den Haaren packte und fickte, bis er auf ebendiese Striemen abgespritzt hatte. Am nächsten Morgen fand ich ihn wie in einem Werbespot mit einer Kaffeetasse am Bettrand vor. Alles Herabwürdigende an ihm war verschwunden, er war ganz der zärtliche Gentleman, der seiner Gespielin einen schönen Morgen bereitet. Streichelte meine Haare, fragte, wie es mir ginge und wie es mir gestern gegangen sei.

In der Rückschau glaube ich, dass es dieser erste Morgen war, der mich Heinrich hörig machte. Ich wanderte in seinem Hemd durch seine riesige Altbauwohnung, sah mir seine Art-Déco-Möbel und die Bilder an den Wänden an – er war Sammler, das sah man sofort –, roch an den Lilien im Esszimmer. Dieser Mann hatte ein unglaubliches Gespür für Stil, war fürsorglich … und obendrein ein göttlicher Liebhaber! Dass er mich an einer entscheidenden Stelle einfach übergangen hatte, blendete ich lieber aus. Zu schön war die Vorstellung von einem Leben an der Seite eines solchen Mannes. Schon immer hatte ich, wie ihr wisst, gerettet werden wollen, und Heinrich schien endlich dafür geeignet zu sein. Ich war jung und hübsch, er war alt und arriviert. War das nicht der Deal, den man in solchen Situationen einging? Sexyness für Macht – normal in einer von Männern kontrollierten Gesellschaft.

Und Heinrich kontrollierte mich nicht nur im übertragenen Sinne. Was genoss ich anfangs meine Devotion! Ich wurde gefesselt, angepisst, ausgepeitscht, aufgehängt. Zwischen unseren Treffen verging ich dermaßen vor Sehnsucht, dass ich mir, wenn ich es mir selbst machte, so fest ich konnte an den Haaren zog und mir vorstellte, es wäre er. Aber Onkel Heinrich hatte viel damit zu tun, seinen Ruhm zu mehren. Termine, Termine, ständig und überall, und obwohl wir uns manchmal wochenlang nicht sahen, schaffte ich es, unsere sporadischen Sexdates in Gedanken zu einer tiefen Liebesbeziehung umzudeuten. Auch wenn das Orgiastische zwischen uns mehr und mehr ins Hintertreffen geriet und Heinrich sich von mir immer öfter schnell einen blasen ließ, bevor er kuscheln und gesagt bekommen wollte, dass ich ihn liebe. Grund genug für mich, an eine sich rasant entwickelnde Liebesgeschichte mitsamt sexueller Exklusivität zu glauben! Dass er unter zeitweiliger Amnesie zu leiden schien und nicht mehr wusste, in welchem Restaurant wir letzte Woche gegessen oder welchen Film wir zusammen gesehen hatten, blendete ich aus. Kein Problem, dass er mich seiner Assistentin mindestens zweimal hintereinander vorstellte. Überhaupt nicht merkwürdig, dass er Stunden zu spät kam, wenn wir uns verabredet hatten. Oder tagelang komplett abtauchte und nicht mehr zu erreichen war. Er hatte doch so viel zu tun. Ein Witz, dass ich das mit mir machen ließ, aber: »In der patriarchalen Gesellschaft markiert uns unsere Weiblichkeit von Anfang an als wertlos oder als nicht wertvoll«, schreibt die Literaturwissenschaftlerin und Aktivistin bell hooks in *Lieben lernen. Alles über Verbundenheit,* »und daher dürfte es niemanden überraschen, dass wir lernen, uns als Mädchen, als Frauen am meisten darum zu sorgen, ob wir der Liebe würdig sind« – und uns dabei so richtig mies behandeln zu lassen. Denn (und lasst euch hier nicht durch die Vergangenheitsform irritieren; alles, was sie schreibt, hat auch noch in der Gegenwart Bestand): »Wir waren emotional bedürftig und sehnten uns verzweifelt nach Anerkennung (durch Partner*innen), die unseren Wert, unsere Bedeutung, unser Recht am Leben zu sein, untermauerte. Dafür waren wir bereit, alles zu tun. Als Frauen in einer patriarchalen Gesellschaft waren wir keine Sklavinnen der Liebe – die meisten von uns waren und sind Sklavinnen der Sehnsucht, auf der Suche nach einem Meister, der uns befreit und für sich beansprucht, weil wir keinen Anspruch auf uns selbst erheben können.«

»Hast du jemanden inzwischen?«, frage ich. Mein Glas ist leer. Aber der Kellner ist zum Glück schon da.

»Ja. Seit fünf Jahren bin ich verheiratet, wir haben auch ein Kind, ein süßes kleines Mädchen, mein ganzer Stolz.« Heinrich strahlt bei dem Gedanken an sie, wie das ausschließlich Männer machen, die nur selten zu Hause anzutreffen sind. Gleich darauf bekommt sein Blick etwas Gequältes. »Aber zwischen meiner Frau und mir läuft es eigentlich nicht mehr. Wir sind so gut wie auseinander. Weißt du, sie würde so etwas, was wir beide gemacht haben, niemals tun. Für sie ist das ekelhaft, krank. Wir können nicht mehr miteinander schlafen.«

Ich bin misstrauisch. Männer, deren Beziehung »praktisch am Ende« ist, sind mir immer suspekt. Nur allzu oft folgt auf so einen Hinweis eine dezente Einladung zum Bumsen. »Aber warum hast du sie überhaupt geheiratet, wenn ihr sexuell so wenig zusammenpasst?«

»Ich hatte mich lange davor gedrückt, mich festzulegen. Doch irgendwann dachte ich, es wird Zeit, eine Familie zu gründen. Ein paar Jahre noch, und es wäre zu spät gewesen für mich. Und dafür war sie dann wirklich die perfekte Wahl. Sie ist eine fantastische Mutter.«

Bei dem Gedanken an seine arme Frau zieht sich in mir alles zusammen. Aber vielleicht geht es mir auch nur so, weil ich mich an mich selbst erinnere. Wie ich monatelang hoffte, wir würden auf ein gemeinsames Leben zusteuern. Und was für ein Grauen mich in dem Moment erfasste, als Heinrich vorschlug, Louise und ich könnten bei ihm einziehen. Mein Körper reagierte unmittelbar. Alles in mir schrie: »Nein, auf keinen Fall!« In dieser Sekunde wusste ich endlich, dass ich mit ihm niemals glücklich werden würde.

»Weißt du noch, wie wir uns getrennt haben?«, frage ich.

»Keine Ahnung«, sagt er und schiebt sich ein Stück Rinderfilet in den Mund. Das Essen ist wirklich gut, das muss ich sagen. »Ich glaube, du hast mir irgendwann eine SMS geschickt, dass du mich nicht mehr treffen willst.«

»Ich hab per SMS Schluss gemacht?«

»Na ja, es hatte sich schon abgezeichnet. So richtig zufrieden warst du da schon eine Weile nicht mehr. Hast rumgezickt, warst ständig unzufrieden …«

»Ich bin doch ziemlich froh, dass wir nicht zusammengeblieben sind«, platzt es aus mir heraus. »Das wäre überhaupt nicht gut gegangen.«

»Stimmt, du hättest mir nur Ärger eingebrockt!« Er lacht herzhaft. »Ständig wolltest du irgendwas von mir, immer warst du unglücklich, alles war dir zu wenig … Das Essen ist heute Abend aber auch wirklich mies«, fügt er hinzu.

»Es *war* auch zu wenig! Vielleicht erinnerst du dich nicht mehr daran, aber du hast mich wie ein Stück Scheiße behandelt. Es ging immer nur um dich.«

»Als ob es nicht auch um *dich* gegangen wäre, Süße. Es hat dir doch Spaß gemacht!«

Süße. So nannte er mich schon damals immer. Manchmal war ich mir nicht mal sicher, ob er meinen Namen kannte. Süße. Pff. »Ich meine nicht den Sex an sich. Sondern das, was drum herum passierte«, erkläre ich. »Dass du mich im Bett benutzt hast, geschenkt. Auch wenn mindestens die Hälfte von dem, was du gemacht hast, nicht konsensuell und fast schon missbräuchlich war. Ich fand es aufregend, ich hab es zugelassen, mein Ding. Aber das Gefühl, auch sonst benutzt worden zu sein, für deine Wünsche und Bedürfnisse herzuhalten, so, wie es dir beliebt, war einfach nur grauenvoll. Entschuldigung!«, setze ich in Richtung Kellner hinzu und hebe mein leeres Glas hoch. »Könnte ich noch einmal nachgeschenkt bekommen, bitte?«

In Heinrichs Blick lese ich Missbilligung, aber er sagt nichts. Jedenfalls nicht zu meinem dritten Glas Wein. Oder war es schon das vierte? Stattdessen bestellt er uns, ohne mich zu fragen, ob ich überhaupt möchte, ein Tiramisu. *Eins*. »Mit zwei Löffeln, bitte!«

»Ich hätte gerne ein eigenes«, sage ich und gucke ihm geradewegs in die Augen. Der Wein macht mich übermütig.

»Eins reicht uns.«

Der Kellner steht immer noch unentschlossen neben unserem Tisch.

»Nein, ich möchte wirklich gern ein ganzes Dessert«, sage ich. Langsam wird die Sache unangenehm. Ein Kampf, ausgefochten auf offener Bühne.

»Haben Sie sich entschieden?«, fragt der Kellner und guckt uns abwechselnd an.

»Ja«, sage ich. »Wir nehmen zwei.«

Erleichtert macht er sich davon.

»Was sollte das?«, fragt Heinrich.

»Ich wollte gern eine eigene Portion. Was du auch wüsstest, wenn du mich gefragt hättest.«

»Du hast mich eben grade bloßgestellt vor dem Kellner. Weißt du, wie oft ich hier übernachte? Ich bin Stammgast, ich zahle einen Fixbetrag und nicht pro Nacht! Und dann lässt du mich so auflaufen und diskutierst mit mir. Wenn du also fragst, warum wir nicht auch nur in die Nähe einer ernsthaften Beziehung gekommen sind, dann ja wohl wegen solcher Situationen.«

Unter Heinrichs Blicken verspeise ich mein Tiramisu. Es ist köstlich. Als es aufgegessen ist, weiß ich nicht mehr, was ich noch sagen soll. Also sage ich, dass ich jetzt losmuss.

»Wie, jetzt schon?«, fragt Heinrich. »Ich dachte, wir gehen noch zusammen hoch, zu mir. Wie das eine Mal, weißt du noch?«

Das eine Mal. Ein Fehler vor fünf Jahren, den ich niemals wiederholen würde. Nicht umsonst hatte ich seine Nummer danach gelöscht. »Ich kann nicht.«

»Bist du nicht in einer offenen Beziehung? Natürlich kannst du. Und alle anderen können auch, die sagen es dann halt nicht.«

»Es geht nicht um meinen Mann. Ich kann einfach nicht.« – »Mit dir«, will ich noch hinterhersetzen, aber bekomme es nicht über die Lippen. Ungelenk schlüpfe ich in den vom Kellner hingehaltenen Mantel, rufe noch: »Das nächste Mal zahl aber ich!« in die Richtung, in der Heinrich sitzt, und bin mir sicher, dass es kein nächstes Mal mehr geben wird. Nie mehr.

In der S-Bahn sitzend ziehe ich, soweit es mir noch möglich ist, selbstkritisch Bilanz. Wie ein Kind habe ich mich ihm gegenüber verhalten und nicht wie die erwachsene Frau, die ich doch so unbedingt sein wollte. Er hat sich über mich gestellt, klar, aber ich habe es auch zugelassen. Bin in genau die gleiche Rolle der Hilflosen geraten wie damals. Eine Rolle, die ich mir geschworen hatte, nie wieder gegenüber einem Mann anzunehmen. Wie hatte ich mich damals nur auf ihn einlassen können? Was für ein Wahnsinn musste in mir getobt haben? Und eine neue Perspektive auf unsere Beziehung habe ich nach diesem Treffen auch nicht. Es gab ja kein echtes Gespräch, keine aufrichtige Nähe, kein gemeinsames Erinnern. Was für eine Vergeudung, dieser Abend. Wenn Vanja der lebende Beweis dafür war, dass Zuneigung erhalten bleibt, auch wenn sich das Verhältnis zwischen zwei Menschen ändert, dann steht Heinrich wohl für »Wo nichts war, kann auch nichts werden«.

Doch vielleicht war der Abend doch noch für was gut. Für die Erkenntnis nämlich, dass sich nicht alles Vergangene auflösen lässt. Und dass es manchmal eben auch in Ordnung ist, einen Punkt hinter jemanden zu setzen.

Paolos Arbeit wächst ihm über den Kopf, mir meine auch. Ich neide ihm sein verpflichtungsfreies Leben, dass er, ohne jemanden zu fragen, bis in die Nacht am Computer sitzen kann, in Unterhose oder auch ohne, auf seiner roten Couch und einen Dry Martini vor sich oder, zu noch nicht ganz so vorgerückter Stunde, ein Glas Wein. Irgendetwas, das zum Wetter passt jedenfalls. Zu jeder Zeit kann er entscheiden, eine Runde Yoga einzulegen, Klavier zu spielen, einen Spaziergang zu unternehmen oder zur Ablenkung ein:e Freund:in zum Kaffee zu treffen. Er kann schlafen, essen, masturbieren, wie und wann er will. Er gehört allein sich selbst, und genauso verhält es sich auch mit seiner Arbeit. Bei mir sehen die Dinge anders aus. Um mich herum eine Familie, ein Menschlein lauter als das andere, und selbst wenn ich mich in mein Arbeitszimmer verkrieche und Julius die Verantwortung für alles übergebe, was hinter meiner Tür passiert, so erwartet man mich dennoch am Abendbrottisch, zum Gutenachtkuss, und früh am Morgen wundert man sich, warum die Mama denn so lange schläft. Auch zwischendurch muss man sie dringend fragen, ob man ein Eis essen dürfe oder wo der Tesafilm sei, oder von dem kleinen verletzten Vogel berichten, den man morgens auf dem Schulhof gefunden hatte und dessentwegen man die Tierrettung hatte alarmieren müssen. Natürlich haben die Kinder Respekt vor der harten Arbeit ihrer Mutter. Natürlich versuchen sie, ihr Bedürfnis nach Zuwendung aus diesem Grund auf ein Minimum zu reduzieren. Aber es sind eben Kinder. Und für die bin ich nun mal da, wenn ich da bin. Alles andere wäre herzlos. So, wie es eine bewusste Entscheidung von mir war, das alles in Kauf zu nehmen, hat Paolo sich schon lange gegen Kinder entschieden. Und für ein Leben, das er ganz allein bestimmt und ausgestaltet. Ich weiß, dass er sich danach sehnt, nicht mehr ganz so sehr für sich zu sein. Um es beim Namen zu nennen: mit einer Frau zusammenzuleben. *Seiner* Frau. Was mich zurück zur Frage nach Besitzverhältnissen bringt, im zwischenmenschlichen Bereich. Können wir einander wirklich gehören? Und wenn ja, wäre es erstrebenswert? Ich spüre, wie ich versuche, ihn an mich zu binden. Er soll nie wieder eine andere begehren, das zumindest verlangt mein tiefstes Inneres. Der Rest von mir, jedenfalls der Teil, der weiter oben angesiedelt ist, lacht sich kaputt über diesen Anspruch. Er weiß, wie dumm und unerfüllbar er ist. Nicht mal ich selbst werde ihm gerecht. Und: Ich habe immer noch Julius.

»Uns kann es in dieser Intensität nur geben, weil es zwischen Julius und dir schon lange nicht mehr rund läuft«, pflegte einer meiner früheren Liebhaber immer wieder zu behaupten, und ich habe es abgeschmettert wie eine Dummheit, die mir jemand auf dem Bahnhofsvorplatz hinterherruft. Aber dieses Mal bin ich mir da nicht ganz so sicher. Oder war ich das früher insgeheim auch nicht?

Da uns aber nun beiden die Arbeit über den Kopf wächst und ich, wie Virginia Woolf es ungefähr genannt hätte, einen Raum für mich allein brauche, haben wir beschlossen, die Stadt mit ihren vielfältigen Ablenkungsmöglichkeiten und Verpflichtungen für eine volle Woche zu verlassen und uns ganz unseren jeweiligen Schreibtätigkeiten zu widmen. In einem Landhäuschen zwischen Wäldern und Feldern, die nächste Einkaufsmöglichkeit eine halbe Stunde mit dem Auto entfernt.

»Experiment-Woche mit gutem Ausgang«, hat Paolo unsere Unternehmung getauft, denn obschon er ihr, optimistisch, wie er ist, einen guten Ausgang prophezeit, bleibt sie doch für uns, wie für alle frisch Verliebten, ein Experiment. Wie wird es wohl werden – sieben Tage allein mit ihm auf engstem Raum, weit und breit keine Fluchtmöglichkeit? Werden wir das aushalten? Werden wir *uns* aushalten? All diese Fragen stelle ich mir, während wir die nachtdunkle Landstraße entlangheizen, den Kofferraum voller Lebensmittel, die Herzen voller Hoffnung. Doch während ich noch die Enge fürchte, beschäftigt Paolo sich schon mit der Distanz.

»Ich weiß nicht, ob mir das nicht zu wenig ist«, sagt er.

»Wir fahren eine ganze Woche zusammen weg!«

»Das ist gut und ich freue mich sehr darauf, aber ich fürchte, das ist nicht das Leben, das ich auf Dauer führen will. So als Ab-und-zu-Liebhaber. Als Ergänzung zu deinem Alltag. Mal hier ein Abend, mal da ein Wochenende. Das wird mir nicht reichen.«

Ich hatte gewusst, dass das früher oder später kommen würde. Es kam immer. Bei anderen Männern ließ mich das weitestgehend kalt, »dann musst du halt gehen« war meine Standardantwort, hart, aber konsequent, keine Diskussion. Meine Freundin Nina, selbst Mutter und genauso erschöpft wie ich, brachte ebenfalls wenig Verständnis für Kerle auf, die mehr wollten: »Der kann sich doch glücklich schätzen, dass er nur die Rosinen kriegt! Keine Diskussion darüber, wer das Bad putzt, wer die Kinder wegbringt und wer mal wieder duschen sollte. Ab und zu mal schön ausgehen und hinterher ordentlich vögeln, was will man mehr?«

Heute aber, mit Paolo, drückt mich eine ungeahnte Traurigkeit in den Autositz. Schwer schmelze ich ins Leder.

»Weißt du noch, mein Geburtstag?«, spricht er weiter. »Ich hab ihn mit meinen Freundinnen und Freunden verbracht, es gab Champagner und Austern, später sind wir noch in einer Bar versackt. Ich kann rein gar nichts gegen so einen Geburtstag sagen. Aber du warst halt nicht dabei. Und deswegen konnte ich ihn nicht richtig genießen.«

»Es kann doch niemand was dafür, wenn eins meiner Kinder am selben Tag Geburtstag hat wie du! Das ist blanker Zufall.« Ein kläglicher Rechtfertigungsversuch.

»Niemand kann was dafür, und das ist auch gar nicht die Frage. Die Dinge sind nun mal so, wie sie sind. Du bist verheiratet und hast Kinder, und für mich bleibt nur die Nebenrolle.«

Schweigend fahren wir weiter. Die Dinge sind, wie sie sind.

Montag

Paolo hatte den Wecker auf sieben gestellt, schon wieder so früh – seine Disziplin will ich haben! –, und ist nach dem Duschen wieder zu mir unter die Decke gekrochen. Wir kleben aneinander, als wären wir eins. Selbst beim Porridge essen am Tisch halten wir Händchen. Das Einzige, das ich mir noch wünschen könnte, wäre, kacken zu können. »Auf Toilette gehen«, sagt Paolo, »Kacken«, sage ich, und damit liegt die Tragweite der Situation auch direkt vor dem neugierigen Auge der:des Betrachtenden. Noch nie hatte ich ein ernsthaftes Problem damit, zu defäkieren, aber nun, mit ihm, werde ich überraschend schamhaft. Meine Körpermitte befindet sich in Schockstarre. Paolo ekelt sich vor Müllgeruch, vor Tierhaaren und vor öffentlichen Toiletten. Wie gut, dass ich etwas anderes habe, auf das ich mich konzentrieren kann. Meine Arbeit.

Dienstag

»Du hast so gar nichts mit der Katja von damals gemeinsam«, haucht Paolo mir ins Ohr, bevor wir unsere Laptops aufklappen.

»Aber in die hast du dich verliebt.«

»Ja, als ich vierundzwanzig war, da war die damalige Katja für mich perfekt. Heute bist du für mich perfekt.«

»Was glaubst du, warum waren wir so scheiße zueinander damals?«

»Vielleicht idealisiere ich das auch. Aber ich glaube, wir waren einfach zu viel füreinander. Du merkst doch, wie heftig das zwischen uns ist. Wir hätten uns einfach nur zerfleischt.«

Ich weiß nie, was wahr ist zwischen uns und was Idealisierung. Paolo jagt dem schönen Leben hinterher, ich hingegen bin schon froh, wenn ich die schmutzige Wäsche am Ende der Woche gewaschen bekomme. Letztens hat er mir erzählt, dass er sich fragte, ob er sich ein Leben mit mir und meinen Kindern vorstellen könne. Weil nur so, jedenfalls in seiner Welt, ein komplettes Leben mit mir möglich sei.

Er hatte keine Antwort darauf gehabt. Aber auch kein klares Nein. Das immerhin.

Mittwoch

Gegen Mittag rufe ich Julius an. Er fragt, wie es so läuft.

»Ganz gut«, sage ich. »Komme mega voran. Das einzige Problem«, hier senke ich meine Stimme, damit Paolo, der gerade im Nebenzimmer zoomt, mich nicht hört, »ist, dass ich hier nicht kacken kann.«

Julius' Wiehern am anderen Ende der Leitung haut mir fast das Ohr weg.

»Ich weiß«, lache ich mit. »Ich weiß.«

Donnerstag

Was für ein Glück, dass wir ein bisschen Gras dabeihaben, eigentlich vorgesehen für einen letzten rauschhaften Abend, kiffen und stundenlang ineinander sein, das war der Plan, doch jetzt rauche ich gegen meine Bauchkrämpfe Pfeife um Pfeife, bis nichts mehr da ist. Den Rest des Tages verbringe ich bäuchlings auf der Couch, wimmere leise vor mich hin und lasse mir von Paolo Millers *Stille Tage in Clichy* vorlesen.

»Paris ist auch nicht mehr das, was es mal war«, ereifert er sich. »Die schlagen sich hier von einem Bistro zum anderen, tanzen, saufen und gabeln ständig irgendwelche Huren auf. Nicht im Bordell, sondern einfach so, beim Abendessen!«

»Mhm«, mache ich. Zu mehr bin ich, dank Betäubungsmittel, nicht mehr in der Lage.

»Wir sollten auch mal nach Paris und uns 'nen amtlichen Tripper bei einer Prostituierten einfangen, findest du nicht?«

»Mhm, das wäre wundervoll.«

Freitag

Paolo steigt zu mir in die Dusche und schmiegt sich an mich. »Ich mag es, dass man an deinem Körper sieht, wer du bist. Hier zum

Beispiel sieht man deine Kinder ...«, sagt er und fährt mir mit der Hand über Bauch und Brüste, dann über die Narben in meinem Dekolleté und zwischen den Brüsten, streicht über den Defibrillator an meiner linken Seite, »... hier sieht man dein Herz.« Mein Körper ist voller Erinnerungen, und ich weiß, er liebt sie alle. »Manchmal denke ich, wir hätten damals einfach zusammenbleiben müssen«, sagte er mal. »Dann wärst du jetzt nicht verheiratet, hättest keine Kinder, und wir wären frei. Aber ich weiß, dass es genau das gebraucht hat, damit du die Person werden konntest, die du heute bist. Die Person, die ich heute liebe.«

Wenigstens kann ich im Anschluss an diese therapeutische Unterhaltung endlich kacken.

Und Paolo beginnt, bei angelehnter Tür zu pinkeln.

Ich würde sagen, wir machen Fortschritte.

Samstag

Paolo hat sich tatsächlich dafür bedankt, dass ich mir mal wieder eine richtige Hose angezogen habe. »Vier Tage Jogginghose waren wirklich ein bisschen viel.«

Als Zeichen seiner Anerkennung fesselt er mich im Stehen an den sich mitten im Wohnzimmer befindlichen Balken und versohlt mir meinen Hintern mit dem Gürtel, bis er die Farbe eines gekochten Krebses hat. Ich weiß nicht, ob er es aus Eifersucht tut, weil ich ihm von Heinrich und seinen Schandtaten erzählt habe, oder aus eigener Motivation heraus, das Ergebnis ist das gleiche: Ich tropfe auf den Fußboden. Mit Paolo sind solche Dinge möglich, ohne dass sie sich falsch oder missbräuchlich anfühlen. Mit ihm passieren sie genauso natürlich wie die zärtlichste Umarmung und der sanfteste Kuss. Und das Beste daran: Nie würde er es mir verwehren, das Gleiche mit ihm zu tun.

Sonntag

Die Woche mit Paolo ist jetzt fast rum. Er steht am Fenster und telefoniert mit einem Kunden, der Deal, den er sich erhofft hatte, ist geplatzt. »Nicht schlimm«, hat er gesagt, aber ich weiß ja, dass es schlimm ist. Schlimm ist auch dieses: Ich muss nach Hause fahren. Ich freue mich auf meine Kinder, aber nicht darauf, mich von Paolo zu verabschieden. Es ist wirklich eine große Lernaufgabe: diese beiden Leben zu vereinbaren. Klarzukommen, dass es nicht nur eins gibt. Nicht nur dieses hier mit ihm.

Wir sind auf dem Weg nach Hause. Satt von Arbeit, satt von uns. Ich kann mich nicht erinnern, dass sich die Dinge je mit jemandem so leicht angefühlt hätten wie mit ihm. Es gibt nichts, an das ich mich erst gewöhnen müsste. Paolo passt mir von Anfang bis Ende. Ich lasse The Bones laufen, *Screwed, Blued and Tattooed*. Die hab ich seit damals nicht mehr gehört, aber screwed ist anscheinend immer noch mein Lebensgefühl.

»Wenn du mich mit Mitte zwanzig gefragt hättest, wie ich leben will«, sagt er und legt mir seine Hand auf den Oberschenkel, »dann hätte ich gesagt: Genau so.« Und dann wandert seine Hand noch etwas höher, dahin, wo 8.000 Nervenenden auf sie warten.

Ja, wer hätte gedacht, dass das alles so kommen würde und nicht anders? Dies hier ist eine so aberwitzige Geschichte, die kannste dir nicht ausdenken. Aber sie passiert.

—

[**30.10., 21:38**] **Paolo:** Ich war tatsächlich joggen. Und wieder in der Badewanne.

Warte nur darauf, dass die Zeit vergeht …

War dreimal einkaufen, bin nicht in der Lage, Pläne zu machen.

Ist eine komische Mischung. Ich verfluche unsere Situation, die so sehr durch äußere Faktoren bestimmt ist. Und noch viel größer ist meine Freude über unsere Situation, die wir beide uns geschaffen haben. Diese Tage waren unglaublich.

[**30.10., 21:58**] **Paolo:** Ich bin jede einzelne Sekunde bei dir.

[**30.10., 22:32**] **Ich:** Ja, es ist beides. Zum Verzweifeln und wunderschön.

X

Julius

Julius ist irritiert, als ich ihn eines Morgens zum Gespräch auf das heimische Sofa bitte. »Wieso denn ich? Ich dachte, du sprichst nur mit deinen Ex-Typen. Willst du mir vielleicht irgendetwas mitteilen?«

Ich lache, möglicherweise eine Spur zu aufgeregt, und verschwinde in die Küche, Kaffee kochen. Die Kinder sind gerade erst los zur Schule, alles ist vollgekrümelt, niemand hat den Käse weggeräumt. Was für ein Luxus, nicht selbst morgens um acht das Haus verlassen zu müssen, sondern den Tag ganz in Ruhe beginnen zu können. Mit Käse wegräumen oder Krümel vom Esstisch fegen zum Beispiel. Oder mit einem Kaffee mit dem Ehegatten.

Dass seine Person hier nicht fehlen darf, wusste ich schnell – auch wenn er kein Ex ist und dies damit gegen die Regeln verstößt. Andererseits: Welche Regeln? Das hier ist mein Buch, und wenn ich darin auf dem Tisch tanzen will (mit Straßenschuhen an!), dann mache ich das einfach. Nein, die Wahrheit ist: Ich kann nicht über zwanzig Jahre Liebesleben schreiben und den einzigen Mann unerwähnt lassen, mit dem mir eine gute Beziehung gelungen ist. Und zwar nicht nur für eine kurze Weile (das ging auch mit anderen, da bin ich ehrlich), sondern auf lange Sicht. Elf fucking Jahre. Gemessen an der Ehe seiner Eltern, die mit uns ihre goldene Hochzeit feierten, ist das natürlich nichts. Gemessen an der Tatsache, dass meine Eltern trotz mehrfacher On-off-Versuche nicht einmal fünf Jahre zusammen durchhielten, dann vielleicht wieder doch. Und es muss hinzugefügt werden: elf *glückliche* Jahre. Denn allein die Tatsache, dass wir es miteinander ausgehalten haben, adelt uns noch lange nicht. Aber dass wir so richtig gern zusammen sind und es auch bleiben wollen, ist, wie ich finde, schon etwas, auf das wir stolz sein können. Da haben wir etwas Großes geschafft, und zwar trotz des ganzen Mists, den wir zusammen erlebt haben.

Dennoch fühlt es sich merkwürdig an, diese Tatsache genau jetzt eingehend reflektieren zu wollen. Denn wenn ich ehrlich bin: So ganz bin ich gerade nicht mit dem Herzen dabei – das treibt sich nämlich fröhlich woanders rum. Dabei ist es nicht so, dass es das erste Mal wäre, dass ich in jemand anderes verliebt bin, seit wir unsere Beziehung vor sieben Jahren geöffnet haben. Ich war sogar irrsinnig verliebt, immer wieder, ich konnte richtiggehend ausrasten wegen irgendwelcher Typen (ihr wisst schon, was Begeisterungsfähigkeit angeht, bin ich top). Aber ich hatte niemals das Gefühl, mich innerlich von Julius zu distanzieren. Bis jetzt. Und natürlich ist ihm das nicht entgangen.

Ich stelle zwei Tassen Kaffee auf dem Couchtisch ab und setze mich zu ihm aufs Sofa, das dritte inzwischen, das wir zusammen gekauft haben. Graugrüner Cordsamt, skandinavisches Design. Wir haben tief in die Tasche gegriffen dafür, soll ja noch ein paar Jahrzehnte stehen, hier, in unserer gemeinsamen Wohnung. »Hast du eigentlich das Gefühl, wir sind zu weit gegangen mit der offenen Beziehung? Dass sie uns vielleicht doch irgendwie schadet?«

Er schüttelt den Kopf. »Was gerade passiert, hat nur wenig bis gar nichts mit unserer Beziehungsform zu tun. Ich glaube ja, du wärst schon lange weg, wenn unsere Beziehung anders gewesen wäre. Du hättest dich so oder so in irgendwelche Typen verliebt, ich kenne dich doch. Aber du wärst dem natürlich nicht nachgegangen, wie die Moral es eben geboten hätte, und das hätte langfristig zu Frust geführt. Nein, wir machen es genau richtig. Wir geben einander die Möglichkeit und die Freiheit, so zu sein, wie wir sind. Und das verbindet uns.«

»Aber was ist mit der Distanz, die wir jetzt beide spüren? Was ist, wenn die mehr und immer mehr wird?«

»Ich kann nicht in die Zukunft gucken. Aber ich glaube daran, dass Beziehungen sich verändern dürfen. Wir können doch nicht davon ausgehen, dass alles immer gleich bleibt von Anfang bis Ende. Menschen entwickeln sich weiter, und ja, du hast dich verändert. Du hast starke Gefühle für jemanden entwickelt. Das ist nichts, was ich dir vorwerfen könnte. Solche Dinge passieren.«

»Und was machen wir jetzt damit?«

»Abwarten. Die Zeit wird es zeigen.«

Julius' Besonnenheit ist etwas, für das ich ihn wirklich liebe. Von Anfang an war es so, und fast würde ich sagen, genau damit hat er mich gekriegt. Ich wollte nämlich eigentlich gar nicht mehr, damals. Die ausgeprägte Kontaktfreudigkeit, die mich überfiel, sobald ich mich an der Theke einer Bar oder auf einer der von mir frequentierten Datingseiten wiederfand, hatte mich seit der Trennung von Heinrich mit so vielen Typen irgendwas Beziehungsmäßiges versuchen lassen, dass ich geradewegs in eine Art Männer-Burnout geschlittert war. Allesamt waren sie enttäuschend; sexuell sowieso, vor allem aber menschlich. Entweder klammerten sie sich an mich, als ob ich das Letzte wäre, was sie am Leben hielte, hassten ihre Ex oder hatten abscheuliche Zwänge – irgendwas war immer. Die meisten aber (und da will ich meine vorangegangenen Beziehungen bis hin zu Paolo durchaus mit einschließen) hatten irgendeine Form von Bindungsangst. Sie suchten zwar nach Nähe, waren aber nicht in der Lage, sie wirklich herzustellen oder auszuhalten. Amir Levine und Rachel S. F. Heller schreiben in *Warum wir uns immer in den Falschen verlieben*, dass schon rein statistisch gesehen mehr vermeidende Beziehungstypen (also solche, die vor Verbindlichkeit zurückschrecken) zur Paarbildung bereitstünden als andere, etwa der ängstliche (der sich tendenziell um die Beziehung sorgt) oder der sichere Typ (der wir alle sein wollen, aber nicht können). Deswegen sei die Wahrscheinlichkeit, beim Dating auf eine:n Vermeider:in zu treffen, auch besonders hoch. Vermeidende Kandidat:innen trennen sich schneller, da sie zu Unzufriedenheit neigen, und verwinden ihre Trennungen auch bald, sodass sie fast sofort wieder dem Datingpool zur Verfügung stehen. Untereinander paaren sich die Vermeidenden kaum. Denn wenn es niemanden gibt, der:die den Beziehungskitt besorgt, dann fällt schon bald alles auseinander. Wen sie deshalb besonders gerne mögen: Die Ängstlichen, die sich an Beziehungen klammern, als hinge ihr Leben davon ab. Wie von selbst finden diese beiden Typen immer wieder zusammen, weil ihre Annahmen über Beziehungen (»Ich werde nicht geliebt« bzw. »Ich verliere meine Autonomie«) und die daraus entstehende Panik dazu führen, dass sie sich gegenseitig immer wieder triggern. Dennoch ist das ängstlich-vermeidende Gegensatzpaar alles andere als ein Dreamteam. Sondern eher eine Vollkatastrophe. Die meisten Menschen fallen übrigens in eine der drei Kategorien Vermeidend/Ängstlich/Sicher, und dann gibt es noch den ziemlich selten anzutreffenden Typ des Ängstlich-Vermeidenden. Willkommen in meiner Welt! Ich vereine in mir (ihr wisst es schon längst) die Kläglichkeit der Ängstlichen mit der Flüchtigkeit der Vermeidenden und mache mir (und anderen) damit das Leben höllenschwer. Ach so, und falls ich es vergessen habe: Der sichere Beziehungstyp ist, obwohl ihm etwa fünfzig Prozent der Bevölkerung angehören, gar nicht so oft in freier Wildbahn anzutreffen, weil er sich eben mühelos in feste Beziehungen begibt und dort dann auch gerne dauerhaft bleibt.

Ich hatte also schon jegliche Hoffnung fahren lassen, jemanden Nicht-Gestörtes zu finden, vor allem nachdem Dr. Kauz, auf dessen Couch ich damals genauso wie heute wieder regelmäßig zu Gast war, die Theorie geäußert hatte, ich würde in meiner derzeitigen emotional-geistigen Verfassung eine gesunde Person womöglich gar nicht erst attraktiv finden können. Weil Kaputtness nun mal Kaputtness anzieht. (Okay, so hat er das nicht gesagt, ich habe das nur eben mal für euch übersetzt.)

Ich hatte also keinen Bock mehr auf den Scheiß. Überhaupt war ich mein Leben lang von einer Beziehung in die nächste geschlittert, ohne Atempause, ohne Nachdenken. »So wie wir eine Trennung als Katastrophe betrachten, empfinden wir ihre Folge, das Alleinsein, als schweren persönlichen Mangel«, fasst Thomas Meyer meine jahrelange (unterbewusste) Einstellung zum Singlesein zusammen. Also beschloss ich, dieses Elend hinter mir zu lassen und mein Leben als alleinstehende Mutter endlich zu genießen. Ihr wisst schon, das Glück in den kleinen Dingen suchen. Samstagfrüh an den kinderfreien Wochenenden auf den Markt gehen, statt auszukatern. Bücher lesen, Blumenkästen bepflanzen, solche Sachen. Sollten die Typen sich doch alle ins Knie ficken, ich machte da nicht mehr mit. Nur einer wollte von meiner Entscheidung nichts wissen: Julius. Ein achtzehn Jahre älterer, semi-erfolgreicher Stand-up-Comedian, den ich auf einer Datingplattform aufgegabelt hatte und mit dem ich schon seit ein paar Wochen hin- und herschrieb. Aus irgendwelchen Gründen (vermutlich übersteigertes Ego) war er der Meinung, wir müssten uns noch unbedingt treffen, bevor ich in mein Dating-Sabbatical ging, und – was soll ich sagen – ich ließ mich widerwillig überreden.

Wir trafen uns an einem Samstagvormittag am Hauptbahnhof, in der einen Hand hatte ich einen Koffer, an der anderen die zweijährige Louise. In einer Stunde würde unser Zug gen Heimat gehen, so viel Zeit sollte ausreichen, um den Typ bei einem Eis auszuchecken und bei Nichtgefallen für immer in den Tiefen des deutschen Eisenbahnnetzes zu verschwinden. Natürlich hatte ich mir vorher Gedanken darüber gemacht, ob es vielleicht merkwürdig wäre, Louise dabeizuhaben. Und kam zu dem Schluss, dass es ganz im Gegenteil merkwürdig wäre, sie *nicht* dabeizuhaben. Ich hatte die Schnauze voll von Männern, die nur ficken und feiern wollten und kein Interesse am ganzen Paket hatten, das ich nun mal war und zu dem Louise gehörte. Nur wenn sie einander mögen würden, könnte aus uns was werden. Aber das war ja ohnehin kaum wahrscheinlich, wie Dr. Kauz mir bescheinigt hatte.

Louise und ich fuhren also die Rolltreppe hinab Richtung Eisdiele, ich ließ meinen Blick über die wuselnde Menge schweifen – und sah an der Wand einen überaus attraktiven Mann Anfang vierzig in Bluejeans und weißem T-Shirt. Er war sogar derart attraktiv, dass er glatt in einer Dr. Best-Werbung hätte leben können. Seht her, das ist mein markantes Kinn und dies sind meine unnatürlich weißen Zähne! Und meine Oberarme sind selbstverständlich auch wohlgeformt! Putzen Sie Ihre Zähne mit meiner Zahnbürste, dann werden Sie genauso heiß wie ich! Er vereinte die Seriosität eines erfahrenen Zahnarztes mit der Lässigkeit eines Cowboys, das sah ich schon von Weitem. Dass er schon seit Jahren Single war, wie er mir im Chat erzählt hatte, musste an einem geheimnisvollen psychischen Defekt liegen. Anders war dieser Umstand nicht zu erklären.

Aber dann saßen wir drei mit unseren Eiswaffeln in der Sonne, quatschten über dies und über das, und es fühlte sich an, als sei es schon immer so und nicht anders gewesen. Da war keine Anstrengung, kein Irgendetwas-beweisen-Müssen, nicht eine Spur von Spielchen. Mit ihm konnte ich mich endlich entspannen.

Beim Abschied auf dem Gleis überraschte ich mich selbst damit, dass ich ihm bei unserer Umarmung einen flüchtigen Kuss auf den Mund drückte, so schnell, dass Louise es nicht mitbekommen haben konnte. Und nach unserer Rückkehr aus dem Westen war schon alles zwischen uns klar.

Julius war witzig, zuverlässig, küsste toll und bekam allem Anschein nach sein Leben auf die Reihe. Bei unserem zweiten Date fuhr er mich zu Ikea, suchte mit mir einen Kleiderschrank aus und baute ihn am nächsten Tag für mich auf. Ich hätte fast geweint vor Dankbarkeit. Erschöpft von all den vorhergehenden Fails ließ ich mich dankbar auf seine behaarte Männerbrust sinken und beschloss, nie wieder von dort aufzustehen.

Wenn ich heute über unseren Anfang nachdenke, darüber, dass ich mich von einem Typen, dem ich einfach mal rein gar nichts schuldig war, dazu bequatschen ließ, mit ihm Eis essen zu gehen, obwohl ich längst was anderes für mich beschlossen hatte, sträuben sich mir alle Haare, ja, auch die unter den Armen. WTF. Andererseits: Wenn er mir nicht so auf den Sack gegangen wäre, wären er und ich womöglich nie passiert. Ich hätte die beste Beziehung meines Lebens verpasst, nur weil ich auf irgendwelchen Prinzipien rumgeritten wäre, die ich damals noch gar nicht hatte. Aber was denkt Julius eigentlich darüber?

»Es ist tatsächlich oft so, dass man bei Frauen mehrere Anläufe braucht, bis sie darauf eingehen. Das ist ja auch eine Frage der Prägung, viele haben verinnerlicht, dass sie sich zieren müssen, um nicht so zu wirken, als wären sie leicht zu haben. Trotzdem wäre ich heute viel weniger penetrant. Wenn jemand Nein gesagt hat, dann ist das eben so. Das habe ich ironischerweise vor allem durch dich gelernt. Überhaupt bin ich an deiner Seite zum Feministen geworden. Das war früher noch völlig anders.«

»Du warst doch aber auch kein Chauvi!«, verteidige ich ihn vor sich selbst. Wirklich, er war ein durch und durch anständiger Kerl, mit jemand anderes hätte ich keine Kinder kriegen können (glaube ich jedenfalls).

»Aber ich war definitiv deutlich sexistischer als heute. Und ich wusste ja nicht einmal, dass ich es war.«

Vermutlich nehmen wir uns da beide nicht viel. Auch ich hielt all die Rollenklischees, in denen wir uns damals bewegten, für große individuelle Freiheit. Dann war er eben achtzehn Jahre älter, dann war er eben der Dominante im Bett, dann bezahlte er eben alles, dann blieb ich eben zu Hause mit den Babys. Hatte ich doch alles selbst entschieden! Rückblickend kann ich nicht einmal sagen, wodurch genau das große Umdenken kam. Waren es Freundinnen, die mich auf Ungleichheiten aufmerksam machten? War es feministische Lektüre, die mir in die Finger fiel? Das Gefühl, in einer schier unendlichen Elternzeit mit Kindern und Haushalt am ausgestreckten Arm zu verdursten? Oder das Umschmeißen von bürgerlichen Familienidealen durch Öffnung unserer Beziehung? Fest steht, dass heute vieles anders ist an uns, und zwar innen *und* außen. Da ist nicht mehr viel, was eine:r von uns automatisch macht, nur weil er der Mann oder sie die Frau ist. Jeder:jedem von uns steht die gleiche Arbeits- und Freizeit zur Verfügung, Haushalt und Kinderbetreuung sind fifty-fifty aufgeteilt. Trotzdem kann es eben aber auch vorkommen, dass eine:r von uns für eine Weile zurücksteckt, weil der:die andere in einem fürs Geld (oder Herz) wichtigen Projekt steckt.

Was wir heute gerne vergessen: Der Weg dahin hätte uns fast das Genick gebrochen. Nichts ist leichter, als im traditionellen Rollenmodell zu versacken, es genauso zu machen wie alle anderen – und finanziell lohnt es sich ja erst mal auch, schließlich verdienen Männer in den meisten Fällen mehr als Frauen. Julius hatte nicht nur qua Geschlecht einen Karrierevorteil, sondern hatte auch achtzehn Jahre mehr Zeit als ich gehabt, sich was aufzubauen. Und als ich irgendwann merkte, dass ich wohl nie ernsthaft für mich selbst sorgen können würde (von Selbstverwirklichung wollen wir gar nicht erst reden), wenn Julius' Arbeit immer Priorität haben würde, zettelte ich eine Revolution an. »Ich will auch!«, proklamierte ich. Und Julius ließ mich ohne Widerrede. Aber unglücklich war er dennoch. Denn nun stritten wir, wer was wann dürfe oder solle, wessen Aufgaben Vorrang hätten und warum niemand daran gedacht hat, dreimal Gummistiefel für den Herbst zu kaufen. War unsere Welt vorher noch übersichtlich und geordnet (ich kümmerte mich um alles zu Hause und verdiente ein bisschen dazu, Julius kümmerte sich um die Kohle und »half« ein bisschen zu Hause), schien sie nun in totales Chaos zu versinken. Ein einziger Tumult. Häuser brannten, auf den Straßen Schlägereien. Eines Nachts, als wir mal wieder, statt Sex zu haben, erschöpft nebeneinander im Bett lagen, offenbarte Julius mir, dass er nicht mehr glücklich sei, ja nicht mal wisse, ob er überhaupt noch mit mir zusammenbleiben wolle. Ein Wahnsinns-Schreck für mich, aber Zurückrudern kam nicht mehr infrage. Um nichts in der Welt hätte ich meine finanzielle Unabhängigkeit noch einmal hergegeben, dann lieber Trennung – die ich dank eigener Knete ja auch viel besser weggesteckt hätte als ohne. Aber dazu kam es zum Glück nie. Auch wegen unseres unbedingten Willens, für alles eine Lösung zu finden. Und die Dinge so lange zu drehen, bis sie für uns alle passen.

»Ein weiterer Punkt, warum es uns so gut miteinander geht«, sagt Julius. »Wir haben uns immer gegenseitig darin unterstützt, uns selbst zu verwirklichen, beruflich wie privat. Wann immer einer von uns eine verrückte Idee hatte, hieß es nie: ›Mach das mal lieber nicht.‹ Es hieß immer: ›Auf jeden Fall machen!‹ Du hast mich nie davon abgehalten, wochenlang allein auf Reisen zu gehen, nicht mal, als die Kinder noch ganz klein waren. Du hast nie gesagt: ›Jetzt such dir mal einen ordentlichen Job‹, als es mit dem Geld eine Weile nicht so hingehauen hat.«

»Und du hast immer gesagt: ›Schreib!‹ Ohne dich hätte ich nie damit angefangen, obwohl ich mein Leben lang davon geträumt habe, Schriftstellerin zu sein. Ich hatte viel zu viel Angst davor, dass es am Ende doch nur brotlose Kunst bleibt. Aber dir war es egal, wie viel es einbringt, du wolltest, dass ich mache, was mich glücklich macht. Und echt, ich werde dir dafür ewig dankbar sein.«

Na ja, und was andere Menschen angeht, haben wir es ganz genauso gehandhabt. Nicht von Anfang an, natürlich. Da wollten wir nichts mehr als Vorzeigefamilie sein.

»Nee, vor allem du wolltest das«, wirft Julius ein, und tatsächlich, ich kann dem nicht widersprechen, ich wollte das. Nachdem ich bereits das Familiending mit Max vergeigt hatte und dann auch noch wie ein Teenager nach einem läppischen halben Jahr Beziehung mit Julius schwanger geworden war, musste ich endlich alles richtig machen. Eine Ehe einzugehen bedeutete, einen handfesten, vom Staat bereitgestellten und kontrollierten Vertrag zu unterschreiben. Weder ich noch Julius würden ihn so schnell auflösen können. Wir waren quasi gezwungen, zusammenzubleiben. Nimm das, Ungewissheit! Ich hatte maximale Sicherheit hergestellt. Und wer will sich schon mit Tragen, Stillen, Bio zufriedengeben, wenn man auch noch Marmelade kochen, Schurwolljäckchen stricken und jeden Sonntag einen Kuchen backen kann? Nach meinem Absturzjahr als Single-Mutter kroch mir jetzt die Hausmütterlichkeit aus jeder Pore, und meine Fruchtbarkeit war inzwischen auf einem derart abartigen Level angekommen, dass ich ein Jahr später gleich wieder schwanger wurde. Innerhalb kürzester Zeit war ich umringt von einem halben Dutzend klebriger Patschehändchen, deren Aufzucht und Pflege mich komplett in Beschlag nahm, während Julius zunehmend klaustrophobische Anwandlungen durchlebte. Von denen er mir, wie das in einer guten Ehe Usus ist, natürlich nichts erzählte.

»Ich wusste ja nicht mal selbst, dass ich die hatte. Bis sich eine Frau im Paillettenkleid auf einer Party auf meinen Schoß setzte«, korrigiert Julius.

Ich pruste in meinen Kaffee. Zu diesem Zeitpunkt war ich chronisch ungekämmt und trug nur noch Julius' abgelegte Hemden – da konnten Paillettenkleidchen und roter Lippenstift schon eine Menge Unheil anrichten. Nach ein paar Monaten flog die Affäre auf. Ihr Freund hatte mich angerufen. Im Gegensatz zu mir wusste er genau, was da passierte, und hoffte wohl, dass die Sache mit meiner Kenntnis ein schnelles Ende finden würde. Fand sie dann auch. Und Julius' Ende hätte das beinahe auch bedeutet. Denn so weit weg davon, ihn mit dem Schlangenledergürtel zu erdrosseln, den er mir mal geschenkt hatte, war ich dann auch nicht mehr.

Tatsächlich aber war ich mehr entsetzt als wütend. Wie hatte er mir das antun können? *Uns!* Hatten wir uns nicht gemeinsam für dieses Leben entschieden, gemeinsam Regeln und Grenzen abgesteckt, und nun setzte er sich einfach so über alles hinweg, was als gesetzt gegolten hatte. Er hatte unsere Beziehung verraten und unsere Familie. Der Mensch, auf den ich mich mehr als auf alle anderen verlassen hatte, hatte mir den Boden unter den Füßen weggerissen. Die kommenden Wochen und Monate: ein einziger freier Fall. Würden wir es schaffen, uns wiederzufinden? Oder war es das jetzt?

»Warum hast du mir da überhaupt noch eine Chance gegeben?«, fragt Julius. »Ich hätte gewettet, du verlässt mich.«

»Ich war aufs Tiefste verletzt, das weißt du. Aber du hast sofort den Kontakt zu der Frau abgebrochen und dich nicht weiter in Lügengeschichten verstrickt. Das habe ich dir hoch angerechnet. Außerdem war ich schon damals nicht mehr so naiv anzunehmen, es gäbe so etwas wie eindeutig zuordenbare Schuld, wenn etwas schiefläuft. An Problemen sind doch immer zwei beteiligt. Und ich wollte rausfinden, was mein Anteil war.«

Was mir auch gelungen ist. Am Ende dieses Prozesses stellte ich fest, dass auch ich keine Luft mehr bekam in unserem engen Familiensystem. Dass ich mich mehr tot als lebendig fühlte. Und dass Julius ganz einfach derjenige war, der sich für uns beide ausgelebt hatte. Dabei ging es lange nicht nur um Sex mit jemand anderem. Es ging um Spaß, um Abenteuer, um Kontrolle loslassen. Sein einziger Fehler hatte darin gelegen, dass er nicht mit mir darüber gesprochen hatte. Er hatte angenommen, solche Bedürfnisse hätten in unserem Familienleben keinen Platz. Doch je mehr wir redeten, desto mehr wurde uns klar, was wir uns alles versagt hatten, und je weniger ungesagt blieb, desto näher fühlten wir uns. Überhaupt bekamen wir das Gefühl, uns durch die Affäre erst so richtig kennenzulernen – unser Gegenüber, aber vor allem auch uns selbst. Für mich bedeutete das zum Beispiel, mir einzugestehen, dass ich noch nie wirklich monogam gewesen war. In jeder einzelnen Beziehung hatte sich mein Unterleib früher oder später geweigert, sich an irgendwelche Regeln zu halten. Mit Julius war das anders. Vielleicht, weil ich reifer geworden war. Ruhiger. Achtsamer. Vielleicht, weil es mir als Mutter an Gelegenheiten dazu mangelte. Und bald schon war ich mir sicher: Wenn ich an seiner Stelle gewesen wäre, ich hätte vermutlich nicht anders gehandelt. Wie viele Paare nehmen das (meist unausgesprochen vorausgesetzte) Gebot der sexuellen Treue wirklich ernst, und ich meine nicht nur auf dem Papier, sondern auch mit ihren Geschlechtsorganen? Wenn ich mich so in meinem Bekanntenkreis umhöre, dann sind es die wenigsten. Es redet halt nur niemand drüber. Und genau das macht die ganze Sache so gefährlich. Ich weiß, es gibt genug Expert:innen, die allen Ernstes behaupten, Geheimnisse gehörten unter einem Mantel des Schweigens versteckt. Was ich aber in all der Zeit gelernt habe, ist das genaue Gegenteil: Wir wollen keine Phantome lieben, sondern echte Menschen. Wir wollen kein Abziehbild von einer Partner:innenschaft, sondern eine tiefe Verbindung zueinander. Nicht so sein müssen, wie wir sein sollten. Sondern genauso, wie wir sind.

Julius hatte also mit einer anderen geschlafen. Ein halbes Jahr und unzählige durchgeredete Nächte später wollte ich das Gleiche tun, und zum wahrscheinlich ersten Mal in meinem Leben nicht als Flucht aus einer Beziehung, sondern als Lust am Abenteuer, als Ausdruck meiner Lebendigkeit. Und Julius war einverstanden. Wir hatten die Schnauze voll davon, uns einreden zu lassen, wie eine gelungene Beziehung auszusehen hat. Davon, uns zu limitieren und gleichzeitig mit Ansprüchen zu überfrachten, denen eh kaum jemand gerecht werden kann. »Wir wenden uns heute einer einzigen Person zu in der Hoffnung, sie könne uns das bieten, was früher eine ganze Dorfgemeinschaft vermittelt hat, nämlich ein Gefühl von Zugehörigkeit, Bestimmung und Kontinuität«, schreibt Esther Perel in *Was Liebe braucht. Das Geheimnis des Begehrens in festen Beziehungen.* »Gleichzeitig erwarten wir von einer verbindlichen Beziehung, dass sie sowohl romantisch als auch emotional und sexuell erfüllend ist. Kann es noch verwundern, dass so viele Beziehungen an dieser übergroßen Last zerbrechen?«

Nun, wir wollten uns von dieser Last befreien. Das war der Beginn unserer offenen Beziehung, und so aufregend das alles damals war, so normal ist es heute für uns. Nicht der Rede wert. Wir haben uns dagegen entschieden, einander alles sein zu müssen, und haben dadurch unsere Beziehung überhaupt so lange lebendig halten können. Auch für Julius ist die Beziehung mit mir die längste seines Lebens. Also, warum ich?

»Am Ende hängt es immer davon ab, wie viele Kompromisse man mit jemandem eingehen muss. Zwischen uns hat es von Anfang an harmoniert, und das tut es immer noch. Was uns wirklich gut gelingt, ist, einander so sein zu lassen, wie wir sind. Du doktorst nicht daran herum, dass ich viel Zeit allein brauche, und ich bin geduldig mit dir und deinen emotionalen Ausbrüchen. Toleranz dem anderen gegenüber ist viel wert, glaube ich.«

Und ich glaube das auch. Nur fällt mir sonderbarerweise unsere Unterschiedlichkeit in der letzten Zeit mehr und mehr auf. Oder sagen wir vielmehr: Wann immer ich nach Gemeinsamkeiten suche, finde ich kaum noch welche. War das schon immer so oder haben wir uns verändert? Niemand von uns vermag das noch zu sagen. Vielleicht haben wir uns damals auch gar nicht nach Gemeinsamkeiten ausgesucht, sondern nach Geborgenheitsgefühl. Es gab nicht diese sensationelle Verknalltheit, die den meisten meiner Beziehungen voranging, und vielleicht ist genau das unser Geheimnis: Es ging uns gut miteinander, wir fühlten uns wohl, allzu viel mehr bauchte es nicht. Wen interessierte es da groß, dass Julius Techno hört und ich Rock? Dass er die Wohnung in Weiß halten und ich immer nur Vintage will? Dass ihm Funktion über Form geht und es bei mir genau umgekehrt ist? Dass er es liebt, wenn alles bleibt, wie es schon immer war, und ich mich grundsätzlich nach Neuem verzehre? Außerdem: Mit drei kleinen Kindern ist man ohnehin permanent im Krisenmodus. Wir waren glücklich, wenn wir es alle paar Monate mal ins Theater oder zu einem der wenigen Asiaten schafften, der nicht alles mit Glutamat vollballerte, was er servierte (darauf immerhin konnten wir uns einigen). Ansonsten waren wir damit beschäftigt, den Laden am Laufen zu halten. Dafür zu sorgen, dass niemand die Elternversammlung im Kindergarten vergisst, sich immer genügend Spaghetti im Hause befinden und die Kloschüssel regelmäßig ihre Farbe von Braun zu Weiß wechselt. Es fällt nicht auf, dass es möglicherweise gar nicht so irre viel Verbindendes gibt, wenn man einfach nur versucht, den Alltag durchzustehen. Aber jetzt, wo die Kinder alle in die Schule gehen, wo sie anfangen, ein eigenes Leben zu führen, sich selbstständig in der Stadt zu bewegen, zu verabreden, einfach ihr eigenes Ding machen, jetzt, wo wir endlich aufatmen können, ausschlafen, über unsere Zeit verfügen, da spüre ich, wie ich anders auf uns blicke. Oder denke ich das gerade alles nur, weil ich so irrsinnig verliebt bin in jemand anderes, von dem ich das Gefühl habe, dass *wirklich alles* passt? Ich misstraue mir. Wenn ich eines kann, dann mich wie bekloppt für Menschen begeistern. Nur dass der Wahn bisher immer nachgelassen hat nach einer Weile. Und dass mir jedes Mal klar war, dass niemand jemals gegen das anstinken könnte, was Julius und ich zusammen haben. Das ist jetzt anders. Das und die Tatsache, dass niemand von uns gerade weiß, wohin die Reise geht.

Neulich saßen wir mit den Kindern am Abendbrottisch. Die zehnjährige Leonore guckte von einem Elterngesicht zum anderen und sagte: »Wenn ich euch so anschaue, dann merke ich, dass ihr überhaupt nicht zusammenpasst. Du Papa, bist so alt, und du, Mama, bist so jung.« Wir lachten, klar, sind ja auch achtzehn Jahre zwischen uns. Aber später sagte Julius, er habe das Gefühl, Leonore habe mit ihrer Aussage voll ins Schwarze getroffen, bei mir zumindest. Dass eine ganze Generation zwischen uns liegt, ist mir heute mehr bewusst denn je. Julius wird mit jedem Jahr ruhiger, mein Lebenshunger ist noch ungebremst. Er will Sofa, ich will raus. Er will chillen, ich Karriere. Natürlich gibt es solche Unterschiede auch unter Gleichaltrigen, auch bei uns haben sie sich schon von vornherein abgezeichnet. Aber je älter wir werden, desto größer werden sie. Meine Energie ist heute da, wo Julius' vor achtzehn Jahren war, und da kannten wir uns noch nicht einmal. Damals betrieb er erst einen illegalen Club, dann eine legale Bar, dann ein legendäres Party-Schwimmbad, mit anderen Worten: Er schlug sich die Großstadtnächte um die Ohren und fand es geil. So wie ich halt. Also, vor meiner Herzgeschichte jedenfalls.

»Spürst du den Altersunterschied denn gar nicht?«, fragte ich. »Inzwischen wirklich null«, sagte er. »Aber vielleicht habe ich mich auch einfach daran gewöhnt. Anfangs habe ich das sehr krass wahrgenommen. Also nicht zwischen uns, aber im Blick der anderen. Ich hatte schon das Gefühl, dass wir begutachtet wurden. Es war mir auch ein bisschen unangenehm zu sagen, wie viel jünger du bist. Ich hatte vorher niemals altersmäßig so sehr nach unten gegriffen. So ein kleines Abenteuer am Rande mit einer viel jüngeren Frau fand ich anfangs ganz ja witzig, aber dass wir am Ende heiraten würden, hatte ich auch nicht ahnen können.«

Dafür, dass wir da beide so reingeschlittert sind, ist alles erstaunlich gut gegangen. Wenn man bedenkt, was alles hätte schiefgehen können! Wir kannten uns ja gerade mal ein halbes Jahr, als ich schwanger wurde. Erzählt mir so eine Story von irgendjemand anderem und ich schlage die Hände über meinem Kopf zusammen. Aber ja, verdammt, es kann auch anders kommen. Es kann immer alles anders kommen. Wir haben Kinder auf die Welt gebracht, Pleiten und Affären überlebt, Lieblingsmenschen beerdigt und Krankheiten zusammen durchgestanden. Was auch immer noch passiert, wie auch immer unsere Beziehung sich verändern mag: Wir werden einander immer wichtig bleiben.

Das, meine sehr verehrten Leser:innen, ist wahre Liebe.

In Paolos Lieblingsbar, einer in genau dem richtigen Maße verwahrlosten Lokalität gleich bei ihm um die Ecke, wird geraucht und die Schnäpse gehen aufs Haus. Gibt sogar ein paar Alkis an der Theke, alternde Männer, die beim Bier zusammensitzen und die Zeit totschlagen. Der Laden füllt sich nur langsam, während ich an einem Ecktisch auf Paolo warte. Doch dann ist es mit einem Mal bumsvoll. Alle sind sie gekommen, die Hipster und die Alteingesessenen, die Verliebten und die Verzweifelten, die Mondänen und die aus der Provinz. Und dann steht Paolo im Anzug in der Tür, zerrt sich den Fahrradhelm vom Kopf und fällt in mich hinein. »Ich hab dich vermisst«, ruft er, bestellt uns zwei Whisky Sour und dann tut er etwas, mit dem ich wirklich nicht gerechnet habe: Er legt einen Schlüsselring mit zwei Schlüsseln daran auf den Tisch.

In den vergangenen Wochen hat er meine Freund:innen kennengelernt und ich seine. Ich habe mich bei seiner Büro-Party aufs Übelste abgeschossen. Er hat für meine Kinder gekocht. Wir haben seine Eltern besucht und meiner Mutter peinliche Selfies geschickt. Mit anderen Worten: Wir haben alle offiziellen Etappen der Paarbildung erfolgreich durchlaufen. Und jetzt, nach sechzehn Jahren, habe ich wieder einen Schlüssel zu seiner Wohnung.

Bei allen Männern, mit denen ich bisher über unsere Beziehung gesprochen habe, weiß ich genau, warum wir uns getrennt haben. Warum es nicht weitergehen konnte zwischen uns. Und ich bin mir sicher, dass ich es auch bei denen, die noch übrig sind bei meinem Experiment, wissen werde. Paolo ist der Einzige, bei dem ich nicht wirklich durchdringe, warum wir auseinandergehen mussten. Auch wenn ich ihn und mich das nun schon tausendmal gefragt habe.

Wir haben damals schon genauso gut zusammengepasst wie heute. Aber wir haben es einfach nicht hinbekommen.

»Ich verstehe einfach noch immer nicht, warum jetzt möglich ist, was früher nicht ging. Es ist absurd!« Die Schlüssel auf dem Tisch treiben mir die Tränen in die Augen.

»Du hast völlig recht. Es ergibt keinen Sinn, und es ist eigentlich unmöglich. Trotzdem fühlt es sich an wie das Leichteste und Natürlichste der Welt. Ich glaube, es passiert jetzt, weil wir erstens in der Lage sind, offener aufeinander zuzugehen, und ich spreche da vor allem von mir selbst. Ich glaube, das war damals mehr ein Ausprobieren. Wir waren neugierig, wir hatten Bock aufeinander, diese Energie war ja von Anfang an da, genauso wie die Nähe immer da war, aber ich glaube, ein großer Unterschied ist, dass wir es jetzt einfach wollen. Wir denken nicht mehr darüber nach: Ist es das Richtige, in dieser Konstellation? Who cares! Alles, worüber man nachdenken könnte, spielt keine Rolle, weil: Wir wollen einfach.«

Und nach dieser kleinen Brandrede wollen wir schon wirklich sehr, wir kleinen Emotionsknäuel, und eigentlich müssten wir dafür so schnell wie möglich nach Hause, damit es nicht allzu ungebührlich wird, ist immerhin die Lieblingsbar hier und kein Sex-Club, aber plötzlich steuern wir, vermutlich aufgestachelt durch die Bedeutsamkeit, die in unserem Alter mit so einer Schlüsselübergabe einhergeht, unvermittelt auf ein Thema zu, das wir all die letzten Monate elegant vermieden hatten.

»Triffst du denn noch jemanden?«, frage ich vorsichtig.

Paolo lacht und schüttelt den Kopf. »Wen sollte ich denn jetzt noch treffen können?«

»Na ja, du weißt schon. Jemanden für diese *richtige* Beziehung, die du willst.«

»Ich will mit *dir* eine richtige Beziehung.«

»Das geht nicht. Nicht so, jedenfalls.«

»Ich bin ein geduldiger Mensch. Ich kann warten.«

Da bin ich mir nicht sicher. Denken wir nicht alle, wir wären aus Liebe zu Großem fähig, und dann reicht es in den allermeisten Fällen nicht mal für ein paar warme Worte zum Abschied? Aber ich sage lieber nichts.

Auf dem Heimweg, früh am nächsten Morgen, bin ich nur eines von unzähligen müden Gesichtern. In der S-Bahn verschmelzen wir zu einer grauen, trägen Masse, die noch nicht bereit ist für den Tag, aber »muss ja«. Was muss denn da eigentlich? Muss ich das alles? Ich fröstele vor Müdigkeit, ziehe den Kragen meines Daunenmantels so hoch, wie es nur geht. Wie nur, wie kann ich Paolo in mein Leben integrieren? So, dass es ihm und Julius gleichermaßen gut geht damit? Oder wird immer einer von ihnen leiden müssen? Den faulen Geschmack von halb verdautem Whiskey und Schnaps auf der Zunge, suche ich in meiner Manteltasche nach Rettung. Doch statt Kaugummis finde ich ein mehrfach zusammengefaltetes, vergilbtes Blatt Papier. Ich kenne seine Herkunft. Es ist Paolos Briefpapier. Er musste das heute Nacht geschrieben haben, als ich im Bad war. Oder als ich schon schlief. Mit klammen Fingern falte ich es auf.

Du erinnerst dich, wir sprachen gelegentlich darüber, dass ich mit dir nicht mehr das Gefühl des Wartens – auf mein Leben-Wartens – habe, sondern bereit bin, direkt auf das Leben zuzugehen. Und dass ich das bisher nur aus der Beziehung mit A. kannte. Und weißt du was? Achtung. Das ist falsch. Denn es gab das Gefühl vorher schon einmal. Ich weiß nicht mehr so viel aus dieser Zeit. Aber ich erinnere mich, wie wir dachten, wir müssen nur losrennen, denn wir wussten, alles ist möglich. Wir waren All-in. Du, Katja, bist mein Original, auf dem ich seit damals hängen geblieben bin.
Denn seltsamerweise geht es mir heute kein bisschen anders mit dir. Nur können wir heute besser damit umgehen.
ti abraccio, amore. Dein p.

—

Sonntagfrüh, zehn Uhr, als ich gerade erst aus dem Bett in Richtung Küche stolpere, hat Julius schon frisches Brot gebacken, stehen auf dem Esstisch rote Rosen und *A Day at the Races* läuft. Queen ist die einzige Band, auf die wir uns in den Jahren unserer Beziehung einigen konnten.

»Guten Morgen«, zwitschert er und gibt mir einen zärtlichen Kuss auf die Wange. Unsere Liebe geht tief, aber eben auch nicht so tief, dass man sich gleich morgens nach dem Aufstehen auf den Mund küssen müsste. Apropos Liebe! Heute ist unser Hochzeitstag, und der zehnte noch dazu. Zu diesem hochfeierlichen Anlass haben die Kinder den Tisch gedeckt und sitzen, zu meiner großen Überraschung bereits angezogen und gekämmt, auf ihren Stühlen. Es gibt ein Fotoalbum mit den peinlichsten Fotos der letzten Jahre und selbst gebackene Muffins.

»Leider waren die Eier alle, darum haben wir sie ohne gebacken«, sagt Louise. »Schlimm?«

Überhaupt nicht, befinden wir, ohne seien sie sicher sogar noch besser, und erfreuen uns einträchtig an unseren wohlgeratenen Kindern. Nach dem Frühstück zieht Julius ein Kästchen aus der Hosentasche. »Für dich«, sagt er. Als ich das Kästchen öffne, funkelt mir ein Verlobungsring entgegen, Fünfzigerjahre, das sehe ich sofort.

Gott, ist der schön!

»Ich dachte, nach zehn Jahren wäre endlich mal ein richtiger Ring fällig«, sagt Julius.

Das stimmt. Zum hastig auf dem Sofa gleich nach dem Netflixabend hingeworfenen Antrag gab es damals keinen. Für Romantik blieb keine Zeit, ich war bereits mit Leonore schwanger. Und so rotzten wir die Trauung ebenso schnell und achtlos hin wie Julius den Antrag.

Heute habe ich also endlich einen Verlobungsring bekommen, und ja, er macht sich traumhaft schön an meinem linken Ringfinger, und ja, ich werde ihn tragen, tragen, tragen. Doch wenn ich ehrlich bin: Er kommt zu spät.

Als die Kinder in ihre Zimmer verschwunden sind, sitzen Julius und ich noch mit einer frischen Tasse Kaffee auf dem Sofa.

»Danke für den Ring«, sage ich und kuschele mich an ihn.

»Danke für die Nacht«, entgegnet Julius. »Erinnerst du dich?«

»Äh ... Nein.«

»Ich bin davon aufgewacht, dass du mich in den Nacken geküsst hast, ganz, ganz zart hast du das gemacht und dabei ›Oh, Paolo‹ geseufzt.«

»Oh nein! Das tut mir so leid!« Eine Welle der Scham durchfährt meinen Körper. Kann ich hier bitte irgendwie raus? Nur bitte ganz, ganz schnell raus? Es ist mein verschissener zehnter Hochzeitstag, und ich bekomme sogar einen Ring, und alles, was ich beizusteuern habe, ist, meinen Mann im Schlaf mit meinem Geliebten zu verwechseln!

Zehn Jahre, das hatten wir uns damals vorgenommen. Wir beide hatten schon so einige Beziehungen hinter uns gebracht, Julius war sogar bereits geschieden, an ewiges Liebesglück glaubte niemand mehr von uns. Aber zehn Jahre schienen machbar, erst recht mit einem gemeinsamen Kind. Nach zehn Jahren, so hatten wir uns vorgenommen, würden wir noch mal neu entscheiden: Verlängerung oder eben nicht.

»Ist es nicht ironisch, dass es all die Zeit nie zur Debatte stand, ob wir noch weitermachen?«, fragt Julius. »Und dass jetzt, wo die zehn Jahre rum sind, alles den Bach runterzugehen scheint?«

»Ich weiß einfach nicht, was ich machen soll. Ich weiß es einfach nicht«, sage ich.

»Lass uns abwarten. Die Lösung wird sich ganz von selbst ergeben, und ich bin sicher, wir werden davon überrascht sein, wie sie aussieht. Lassen wir uns vom Leben überraschen.«

Und mit diesen Worten machen wir uns daran, unsere Badesachen für einen Besuch im Hallenbad zusammenzusuchen, denn der

Hochzeitstag ist bekanntlich kein Tag fürs Brautpaar, sondern einer für die ganze Familie.

—

Dr. Kauz weiß auch nicht weiter. »Sie wollten doch nicht mehr zwei Beziehungen gleichzeitig führen«, erinnert er mich an einen meiner kurzzeitig nach der letzten Trennung gefassten hehren Vorsätze. »Es ist sehr aufreibend, was Sie sich da vornehmen.«

»Aber ich will mich von Paolo nicht trennen. Vielleicht bin ich das erste Mal in meinem Leben mit jemandem zusammen, der wirklich zu mir passt. Immer habe ich mich von Vorstellungen darüber hinreißen lassen, wie es noch werden könnte mit jemandem. Wenn er doch nur ein bisschen weniger dieses …! Wenn wir doch nur ein bisschen mehr jenes …! Es ist so leicht, sich in jemandes Potenzial zu verlieben und darauf zu warten, dass er es einlöst. Was natürlich nie geschieht, das gibt es ja nur in meinem Kopf. Mit Paolo ist das genau andersherum. Je länger ich mit ihm zusammen bin, desto mehr Liebenswertes entdecke ich an ihm. Es hört einfach nicht auf. Und im Gegensatz zu sonst ist da nichts, woran ich mich erst noch gewöhnen müsste. Es fühlt sich alles richtig an. Genau richtig.«

»Und Sie glauben, Sie können das in Einklang bringen mit Ihrer Beziehung zu Julius?«

Nein, ich fürchte, das glaube ich nicht.

X

Frederik

Bei Frederik brauche ich mich gar nicht erst zu melden. Als ob er geahnt hätte, dass ich ihn treffen will, hat er mir vor ein paar Tagen eine SMS geschrieben, und das nach fast zwei Jahren Funkstille. Jetzt sitzen wir, nachdem wir unsere jeweiligen Kinder ins Bett verfrachtet haben, völlig übermüdet in seiner Küche und trinken Kurkumatee.

»Wie soll ich nur alles, was in dieser Zeit geschehen ist, in ein paar Sätze fassen?«, fragt er. »Es ist so lange her, dass wir uns gesehen haben.«

Das stimmt, das sind wir nicht gewöhnt von uns. Selten bin ich so wohlwollend und frei von Groll mit jemandem auseinandergegangen wie mit ihm. Und so trafen wir uns, nachdem unser Versuch vor sechs Jahren beendet war, regelmäßig in einer unserer Küchen, um uns gegenseitig über den Fortgang und Sinn unseres Lebens zu unterrichten. Wir tranken Tee oder alkoholfreies Bier, niemals störte Musik unser Gespräch oder auch nur ein Handyklingeln. Frederik machte keinen Hehl aus seinen mönchischen Tendenzen, er mag es ruhig, konzentriert und achtsam. Auch heute.

Vor einem Jahr hat Frederik sich nach zähem Ringen von der Mutter seines zweiten Kindes endgültig getrennt, darum auch jetzt die plötzliche SMS: »Auf einmal habe ich wieder Zeit für meine Freundschaften, überhaupt für Kontakte, die eingeschlafen sind«, erzählt er. »Früher hätte ich diesen Abend mit Auseinandersetzungen über unsere Beziehung verbracht, jetzt kann ich mich mit dir treffen.« Wer kennt das nicht, auch wenn es gut läuft? Ist man in einer Beziehung, zieht man sich fast automatisch aus dem Sozialleben zurück, konzentriert sich auf The-One-and-Only, muckelt sich so richtig schön zu Hause ein in Zweisamkeit, macht ein Baby, stürzt sich auf den Nestbau … Und wenn die Beziehung dann im Begriff ist, in die Brüche zu gehen, hat man erst recht keine Energie für Rechts und Links. Ein Hoch also auf die Post-Trennungsphase, in der man wie ein:e Untote:r aus dem eigenen Grabe taumelt, bereit, es noch mal mit der Welt da draußen aufzunehmen!

»Wenn ich noch mal eine Beziehung eingehe, dann muss ich unbedingt dafür sorgen, dass genügend Raum bleibt für meine Freundschaften«, sagt Frederik, und sofort spüre ich kleine Wellen des Schuldbewusstseins an meinen Füßen lecken. Wann hab ich mir zuletzt einen ganzen Abend Zeit genommen, um in Ruhe ein:e Freund:in zu treffen? Das muss schon Monate her sein.

Es ist bereits fast Mitternacht, bis wir alle Neuigkeiten ausgetauscht, Kinder, Jobs, Beziehungsstatus verhandelt haben. Und ich mit meinem Selbstversuch herausrücke. »Das mit uns war zwar nur eine kurze Sache«, sage ich. »Aber für mein Leben warst du unglaublich wichtig.«

»Echt, wieso?«, fragt Frederik sichtlich überrascht.

»Weil Julius und ich deinetwegen unsere Beziehung geöffnet haben.«

»Das wusste ich ja gar nicht! Darüber haben wir nie gesprochen. Also ich wusste, dass ihr eigentlich monogam wart. Aber dass das wegen mir …«

»Ja, ich wollte unbedingt mit dir schlafen«, lache ich, und Frederik lacht mit. Er ist ein schöner Mann, hoch gewachsen und drahtig, außerdem stets hervorragend angezogen. Das dachte ich schon, als ich ihm das erste Mal begegnete. Damals saß ich hochschwanger in der Küche von Ninas WG. Sie hatte genau wie ich einen Stall voll Kinder und ein wachsendes politisches Bewusstsein, also waren wir dabei, uns anzufreunden. Gerade lutschten wir zusammen mit ein paar anderen Leuten an einem gigantisch großen Topf containerter Artischocken, als ich den Atem anhalten musste, weil ein braun gebrannter Adonis im weißen Feinrippunterhemd im Türrahmen erschien. »Der konnte ja die Augen gar nicht von dir abwenden«, witzelte Nina, nachdem er die Küche wieder verlassen hatte, und ich lachte nur, weil ich kurz vor der Niederkunft stand und eher einem Berg glich als einem Menschen. Ein Jahr später, als das Baby geboren und ich annähernd wieder auf Normalmaße geschrumpft war, waren wir durch Nina schon zu so etwas wie einem Freund:innenkreis zusammengewachsen. Feierten Feste, fuhren übers Wochenende zusammen weg und sinnierten sogar darüber, ein gemeinsames Wohnprojekt zu starten. Immer öfter liefen wir uns über den Weg, immer tiefer versenkten sich unsere Blicke ineinander.

»Du warst mystisch für mich«, sagt Frederik. »So eine Frau wie dich hatte ich vorher noch nie gesehen, gespürt, gerochen. Du hast mich einfach umgehauen mit deiner Weiblichkeit.«

»Gott, ich war so verknallt in dich. Wollte dich anspringen wie eine Raubkatze, aber du warst irre vorsichtig, wie …«

»… wie eine Maus! Ich glaube, ich fühlte mich wie eine neugierige, kleine Maus. Denn trotz all meiner Neugierde auf dich war ich wahnsinnig unsicher. Ich spürte, wie ich dir gegenüber zum Jungen wurde und kein Mann sein konnte. Irgendwann hat Julius mich bei einer Feier in den Arm genommen und mir gesagt, dass er mich gern hat und kein Problem mit uns hat, und ich dachte nur so: ›Alter, was geht denn hier ab?‹ Ich war völlig verschreckt.«

Kurz habe ich Angst, dass unser dröhnendes Lachen irgendein Kind wecken könnte, aber nein, sie schlafen tief und fest. »Das hat er gemacht, weil du immer wieder gesagt hast, dass du ihn nicht verletzen willst und mitdenken möchtest. Ich hatte mit ihm darüber gesprochen, er wollte dir ein gutes Gefühl geben.«

»Vielleicht habe ich das auch ein bisschen vorgeschoben, um die ganze Sache etwas abzubremsen. Du wolltest so doll, und ich war so unentschlossen. Ja, ein bisschen gucken, spielen, sich beschnuppern, das wollte ich schon. Aber du gingst mit so einer Intensität an die ganze Sache, die mich echt überforderte.«

»Der Witz ist ja: Du hast mir vermittelt, dass du willst, und zwar sehr. Und ich fragte mich die ganze Zeit: Da liege ich nun also auf dem Silbertablett, und du nimmst nur Händchenhalten und ein bisschen Knutschen? Was ist los mit dir?«

Den zähen, viele Monate währenden Prozess zwischen Julius und mir hat Frederik natürlich nicht mitbekommen. Wie wir uns vorarbeiteten von »Ich glaube, ich finde Frederik ganz gut« über »Vielleicht würden Frederik und ich uns gern mal treffen« zu »Wie wäre es für dich, wenn ich ihn küsste?«. Wie ich mit Julius jeden einzelnen Schritt besprach, wie er sich selbst immer wieder überprüfte darin, was er bereit war zuzulassen, oder besser gesagt, wie viel er von mir loslassen konnte. Wie er sich an meiner Aufregung freute, aber auch wie unsicher er war. Wie er schließlich sagte: »Ach, schlaf doch ruhig mit ihm. Ich weiß genau, wie es dir geht.«

Doch auch wenn Julius seine Affäre schon hinter sich hatte – es war immer noch etwas völlig anderes, sehenden Auges in die offene Beziehung zu gehen, als heimlich etwas nebenbei am Laufen zu haben. Das Heimliche änderte im besten Fall nichts am Status quo, das Offene hingegen fühlte sich an wie die Büchse der Pandora. Was dabei wohl herauskommen würde? Die Wochen von den Moment, in dem ich meinen Wunsch, mit Frederik zu schlafen, ausgedrückt hatte, bis es endlich auch passierte, waren eine einzige Zitterpartie. Und die Zitterpartie sollte auch nicht so schnell wieder aufhören.

Eva Illouz führt eine Untersuchung an, die ergab, dass die Wahrnehmung von Alternativen einen deutlichen Einfluss auf die Beziehungsstabilität hat: »Tatsächlich bietet ein offenes sexuelles Feld beinahe zwangsläufig eine kognitive Landkarte alternativer (und verpasster) sexueller Möglichkeiten. Angesichts der großen Verfügbarkeit sexueller Körper und/oder aufregenderer Sexualitäten und angesichts der Norm der Monogamie ist die außerhalb der häuslichen Einheit wabernde sexuelle Energie eine dauerhaft drohende Gefahr für eine Ehe.« Wenn es also schon für monogam lebende Paare schwer war, angesichts all der süßen Verlockungen zusammenzubleiben – welche Chancen blieben uns dann noch in einer offenen Beziehung? Der reinste Nervenkitzel!

Julius war jedenfalls zum ersten Mal seit der Geburt unseres jüngsten Kindes mit der ganzen Bagage zu seinen Eltern gefahren und hatte mir tatsächlich einen Freifahrtschein dagelassen. Nach einem ganzen Jahr ein Tag allein zu Hause!

Frederik hatte vorgeschlagen, bei uns Risotto zu kochen, doch statt mich ans Schneiden von Champignons zu machen, rang ich ihn auf dem Wohnzimmerteppich nieder, wild entschlossen, den Beischlaf gleich hier und jetzt zu vollziehen. Es war, als hätte der Wahnsinn von mir Besitz ergriffen: Jahrelang war ich ausschließlich eine treu sorgende Mutter und Ehefrau gewesen, wusch, buk und sorgte mich, jeglichen Anflug von Exzess im Keim erstickend. Nun aber wollte es raus, all das Unterdrückte, es brach sich mit einer derartigen Wucht Bahn, dass ich … nun ja, vielleicht ein wenig über die Stränge schlug.

Das hier sei doch aber auch Julius' Zuhause, wandte das Objekt meiner Begierde zwischen zwei Küssen ein, so ganz wohl fühle er sich nicht bei dieser Sache. Dafür hatte ich vollstes Verständnis, erinnerte ich mich doch an Frederiks eigene Leidensgeschichte vom Rumgebumse seiner Ex-Freundin. Der Stachel saß tief, keinesfalls wollte ich ihn retraumatisieren und schlug vor, die Lokalität zu wechseln. Sein Kind sei schließlich auch nicht zu Hause, wir könnten doch einfach in seiner WG weitermachen … Frederik wand und quälte sich – die Mitbewohner:innen, dieses, jenes –, erklärte sich aber nach eindringlichem Zureden endlich bereit, in seine Wohnung umzuziehen. Ich schwöre, ich habe noch nie jemanden so langsam ein Risotto zubereiten und essen sehen. Als wir endlich in seinem Zimmer und damit auch in seinem Bett landeten, war es schon nach zehn. Um elf sollte Julius mit den Kindern wieder vor der Tür stehen, wie er mir mitgeteilt hatte, uns blieb also noch genau eine Dreiviertelstunde.

»Vielleicht sollten wir ein anderes Mal weitermachen«, schlug Frederik vor. »Ist ganz schön knapp jetzt.«

»Kein Ding«, entgegnete ich und angelte nach meinem Handy.

»Ich stell uns einen Wecker!« Jetzt konnte endlich so richtig rumgemacht werden!

Wenn ich heute an diesen Abend denke, schüttelt es mich. Die ganze Zeit war ich sicher, geradewegs auf Frederiks Schwanz zuzusteuern, sicher, dass er nichts anderes wollen könnte als mich nackt auf seinen weißen Laken, ich war so von mir selbst überzeugt, dass ich nicht wahrnahm, was um mich herum passierte.

Frederik wollte nicht.

Er sagte es nur nicht klar und deutlich. Er machte mit, zögerlich zwar, aber er machte. Ich wünschte, ich hätte das damals gesehen.

»Es tut mir leid, dass ich so widersprüchliche Signale gesendet habe«, sagt Frederik. »Im Grunde habe ich dich damit ja auf eine falsche Fährte gelockt.«

»Warum hast du nicht einfach Nein gesagt?«

»Vielleicht, weil ich die Bestätigung durch dich ja auch genoss. Das hatte sicher auch etwas Narzisstisches, das muss ich zugeben, obwohl ich nicht stolz darauf bin. Und ich kenne das ganz generell aus meinen Beziehungen: Ich habe die Tendenz, mich mitreißen, mich überreden zu lassen.«

Zusammen gehen wir seine vorangegangenen Beziehungen durch und schließen auf zu seiner jetzigen Trennung. »Ich hatte nie ein endgültiges Ja zu dieser Frau. Trotzdem bin ich viel zu lange dabeigeblieben«, sagt er.

Irgendwie wiederholen wir uns ja doch immer. Machen den gleichen Scheiß wieder und wieder, manchmal im Großen, manchmal im Kleinen. Für Frederik war das mit uns definitiv etwas Kleines. Für mich hingegen ging mit ihm eine Wahnsinns-Reise los. Eine Reise zwar, in der er keine Rolle mehr spielen sollte. Aber eben eine, die mein Leben komplett umkrempelte.

»Mir war nie klar, dass das so eine wichtige Geschichte für dich gewesen ist«, sagt er heute. »Dass sich so viel in Bewegung gesetzt hat dadurch.«

Wer weiß, wie die Dinge gekommen wären, wenn ich mich damals nicht in ihn verknallt hätte? Sicher, früher oder später wäre irgendetwas anderes passiert. Ein anderer Mann wäre gekommen, eine andere Frau. Aber mit Frederik konnten Julius und ich uns in einem sicheren und ruhigen Rahmen an die offene Beziehung herantasten. Er hatte Erfahrung mit dem Konzept, und er forcierte nichts. Mit jemand anderem hätte es sehr viel schwieriger werden können – und wurde es später dann ja auch. Frederik war der perfekte Start. Und noch etwas wurde für mich von ihm eingeleitet: die Ära der gleichaltrigen Männer. Waren sie früher (mit nur einigen wenigen Ausnahmen) für mich Luft, interessierten mich wesentlich ältere Männer fortan kein bisschen mehr. Vielleicht war ich durch Julius' Anwesenheit in meinem Leben versorgt mit Vaterqualitäten, vielleicht war ich aber auch inzwischen so weit gereift, dass ich nicht mehr gerettet werden musste. Seit Frederik jedenfalls war niemand, den ich datete, nennenswert älter als ich, und so ist es auch bis heute geblieben.

Auch wenn auf unsere monatelange Anbahnung nur ein einziges, für uns beide derart enttäuschendes Mal Sex folgte, sodass es danach nicht mal eines ausgesprochenen Abschieds bedurfte und unsere Anziehung vom einen auf den anderen Moment erloschen war, und zwar völlig synchron, hörten wir noch lange nicht auf, einander zu mögen. Noch immer ist das so. Wir können jederzeit wieder aneinander andocken.

»Wie schön, dass wir noch mal über all das gesprochen haben«, sagt Frederik, während wir uns zum Abschied in den Armen liegen. »Nicht, dass uns das wirklich gefehlt hätte. Aber es fühlt sich gut an, wenn die Dinge ausgesprochen sind. Einfach richtig.«

Und ich finde das auch.

X

»Er wollte eigentlich nicht richtig«, spreche ich, noch immer fassungslos ob dieser überraschenden Aussage, am nächsten Morgen in mein Telefon. Ich sage es zu Paolo, aber er kann gerade nicht telefonieren, also schicke ich ihm eine Sprachnachricht. Mein Monolog wird lang. Er handelt vor allem von Verwunderung. »Alle Männer wollten immer mit mir schlafen«, sage ich. »Oder nein, bestimmt nicht alle, aber die, die es nicht wollten, die haben das schon am Anfang so schnell und unauffällig abgewürgt, dass ich es gar nicht mitbekommen habe. Ich war nie gezwungen, mit Ablehnung umzugehen. Ich hatte keine Ahnung, dass es das geben kann. Wenn mich einer so lange datet wie Frederik, dann ist doch klar, worauf das hinausläuft. Dann scheitert es höchstens an seiner Schüchternheit. Aber doch nicht daran, dass er nicht will! Dann heißt das, dass ich umso offensiver zur Sache gehen muss. Ihm helfen, den Weg ebnen sozusagen.« Ich mache eine kurze Pause. Was habe ich da gerade gesagt? »Gott, ich habe gerade gesprochen wir der ekelhafteste Dude auf diesem Planeten! Wie einer, der behauptet, man müsse Frauen halt auf den Fersen bleiben, wenn die sich zieren, und sie zu ihrem Glück überreden. Ich hab seine Zeichen überhaupt nicht wahrgenommen. Ich habe ihn nicht mal gefragt, was er will. War ich etwa übergriffig?«

»Entspann dich«, antwortet Paolo eine halbe Stunde später. »Ist doch gut, dass du auch mal die gegenläufige Erfahrung gemacht hast. Dass du jetzt weißt, wie Dating für Männer ist. Als Mann musst du ständig mit Abfuhren umgehen, in achtzig Prozent der Fälle bekommst du ein ›Nein‹. Oder irgendetwas Undefinierbares, das sich erst bei genauerem Hinsehen als ›Nein‹ entpuppt. Männer müssen ständig Zeichen deuten, und oft genug entscheidet sich die Frau dann doch noch um.

Als Frau bekommst du dagegen fast immer ein ›Ja‹, das ist so leicht. Manchmal bin ich echt neidisch auf euch.«

Ein bisschen Patriarchat, ein bisschen das biologische Prinzip der Female Choice … Was soll man da schon machen? Aber bevor wir uns wieder in eine Diskussion verstricken können, in der er mir ideologische Borniertheit vorwirft und ich ihm männliches Privilegiendenken, summt mein Handy mir eine Nachricht aufs Display.

[02.11., 09:44] **Frederik:** Für mich war unser Abend eine sehr schöne Erfahrung.

So ganz versöhnt bin ich trotzdem nicht. Wie oft habe ich wohl in der Vergangenheit ein Nein übersehen und übergangen? Wie oft wähnte ich mich willkommen und war es nicht, oder zumindest nicht in dieser Form? Nicht nur einmal habe ich mich in der Vergangenheit gefragt, wie Männer ihr übergriffiges Verhalten wohl mit ihrem Gefühl von Integrität vereinbaren können. Oft gehen sie zwar meiner Erfahrung nach weit brachialer vor, als ich das getan habe, aber auch ich bin offenbar nicht davor gefeit. Das ist beängstigend. Und gleichzeitig bin ich unglaublich froh, mit Frederik darüber gesprochen zu haben. Denn ich will nicht, dass mir das jemals wieder passiert.

—

Mein Fell ist gefallen. Bin kein Tier mehr, sondern durch und durch kultiviert, zart wie ein Pfirsich, glatt wie ein Baby. Paolo mag es, direkten Zugang zu mir zu haben, hat er gesagt, er mag das Weiche, Elegante. Ich dagegen mag das Wilde, Unordentliche, Unberührte.

»Mhmm«, macht er anerkennend, als seine Hand in meiner Hose ertastet, was ihr bisher verwehrt geblieben ist, befreit meinen Unterleib von der zivilisatorischen Errungenschaft der Kleidung, führt mich in Richtung Esstisch, auf den er mich so sanft niederlegt, dass ich sein hartes Holz an meinem Rücken kaum bemerke, und dann isst er mich, bis ich mich gänzlich in ihm aufgelöst habe, wie ein Bach, ach was, ein Fluss, mich in ihn ergieße.

»Du hast dich ja rasiert!«, hat Julius heute früh gerufen, als ich aus der Dusche kam und in Richtung Kleiderschrank huschte. Vor Jahren schon hatten wir das Thema diskutiert, und genau wie ich hatte er es als himmelschreiende Ungerechtigkeit empfunden, dass für Frauen andere Standards gelten als für Männer. Zuerst waren meine wachsenden Körperhaare für ihn bloßes Politikum, irgendwann aber fand er sie tatsächlich schön. Nun also ist er irritiert. »Hat Paolo das von dir verlangt?«

»Wir haben beschlossen, das mal auszuprobieren. Mit unserem Körper das zu machen, was der:die andere mag, ihm:ihr zum Gefallen. Ich rasiere mich, er sich nicht mehr.«

»Was nichts daran ändert, dass du es für ihn machst. Und nicht für dich.«

Natürlich mache ich das für ihn. Und er macht es für mich. Es ist okay, Dinge für- und miteinander zu tun, die man vielleicht sonst nicht gemacht hätte. Trotzdem arbeitet Julius' Kommentar noch in mir, als wir schon in der heißen Badewanne liegen und Paolo mir Essays von Montaigne vorliest. Verrate ich nicht gerade alle meine Prinzipien? Lasse ich mich nicht in ihn hineingleiten, als wäre er der einzige Mensch auf Gottes Erden? Steuere ich nicht in genau das Alles-mit-einem-für-immer, das ich stolz und glücklich war, abgelegt zu haben wie einen psychischen Defekt? Die monogame Beziehung auf Lebenszeit ist ein patriarchales Konzept, das auf wirtschaftlicher und reproduktiver Abhängigkeit gründet, eine Unterdrückungsmaschine, vor allem für Frauen. Und jetzt liege ich hier und wühle mit meinen Füßen unter Paolos Oberschenkeln herum, Schweißperlen laufen meine Schläfen runter, ich höre nicht, was er liest, nein, in mir wächst Unbehagen. Was ist, wenn ich mich davontragen lasse von einer kindlichen Sehnsucht nach Einheit, die nichts mit dem zu tun hat, was ich tatsächlich leben will? Ich habe meinen

Platz gefunden, es geht mir gut mit meinem Freiraum. Oder sagen wir: Es ging. Denn meine Autonomie schwindet, seit Paolo da ist. Meinem beziehungsvermeidenden Anteil macht das eine Höllenangst. Mehr und mehr löse ich mich in ihm auf, finde mein Heil nachts an seinen Körper gepresst, in Liebesschwüren vor dem Einschlafen, in seinen Sprachnachrichten und Zettelchen, in Zukunftsplänen für Sommer, Herbst und allen jemals folgenden Jahreszeiten. Wo fängt er an, wo höre ich auf? Manchmal werde ich das Gefühl nicht los, kein eigenes Leben mehr zu haben, sondern nur noch unseres, ohne das ich nicht mehr sein will. Ich schlafe nicht mal mehr mit Julius, geschweige denn mit anderen Männern. Und doch: Kann ich mir selbst in dieser Hinsicht trauen? Absolute Autonomie ist die Maxime unserer Gesellschaft. Bloß nicht abhängig von jemandem sein, so ist der ideale Mensch. Selbstgenügsam und frei bis zum Anschlag. Wie passt das damit zusammen, dass es mir so gut geht, seit Paolo wieder in meinem Leben ist? Und das ist nicht mal eine Wahnvorstellung. Menschen, die mich länger nicht gesehen haben, meinen, ich hätte neuerdings so eine entspannte Ausstrahlung. Und selbst meine Mutter findet mich plötzlich unglaublich liebenswürdig. Warum kann ich das nicht aus mir selbst heraus schöpfen? Warum brauche ich dafür Paolo?

»Ich will dich nicht brauchen«, entfährt es mir plötzlich.

Er schaut mich über das Buch hinweg verwundert an. »Aber ist das nicht immer so, dass wir uns über andere Menschen stabilisieren? Wir brauchen andere. Auch ich habe mit dir eine Ruhe, die ich ohne dich nicht hätte. Mach dir keine Sorgen, das ist normal.«

Vielleicht habe ich in Wirklichkeit auch keine Angst vor Vereinnahmung. Sondern Angst, mich ganz und gar auf jemanden einzulassen.

Paolo, zum Zweiten

Paolos Tagebücher der letzten Jahre liegen vor uns auf dem Couchtisch, oder sagen wir eher: lose Blätter, Hefte, winzige Notizbücher, in die er hin und wieder etwas über sein Leben kritzelt.

Wir trinken Pastis, nicht den aus dem Supermarkt natürlich, sondern aus dem kleinen französischen Delikatessenladen schräg gegenüber, Flasche tausend Euro oder so, aber kann man schon mal machen. Um der guten alten Zeiten willen. Ja, hier ist er schon wieder, der einzige Mann dieser Riege, der nicht ein-, sondern gleich zweimal vorkommt. Denn das Rätsel unserer misslungenen Verpaarung war nicht mit der Schreckensnacht vollendet, nein, wir setzten nach zwölf Jahren Funkstille noch einen oben drauf, um die Verwirrung vollständig zu machen. Eine Verwirrung, unter der wir offenbar noch heute leiden.

Pastis war das Getränk unserer Wahl, als wir uns endlich wiedersahen, mitten am Tag, und, statt wie gesittete Menschen Mittag zu essen, einfach anfingen, uns zu betrinken. Wobei »endlich« echt ein bisschen übertrieben ist. Ich hatte ihn vollständig aus meinem Gedächtnis gestrichen. Es war, als hätte er nie existiert.

»*Du* hattest mich aus deinem Gedächtnis gestrichen«, sagt er jetzt mit Blick auf die Zettelchen, »aber für mich warst du einfach unvergesslich. Irgendwas in mir hatte sich an dich geklammert, und ich kann dir nicht mal sagen, wieso. Du warst eine Katastrophe, aber ich kam nicht von dir los.«

»Vielleicht bist du einfach sentimental und hängst an deinen Ex-Frauen?«

»Klar hänge ich an denen. Oder zumindest an einigen. Zu vielen Ex-Freundinnen habe ich ein super Verhältnis, in dem alles gut ist zwischen uns. Nein, mit dir war das anders. Ich hatte das Gefühl, wir sind noch nicht fertig.«

Damals, also vor vier Jahren, bekam ich eine E-Mail von Paolo. Ich weiß noch heute ihren Wortlaut. Auswendig.

Da taucht ein Bild von dir zwischen meinen Fotos auf und ich erinnere mich plötzlich, dass ich dir noch einen Drink schulde. Da kommt der Frühling gerade richtig, wäre schade drum. Melde dich.

Paolo lacht. »Ich hab so unglaublich cool getan, dabei rastete ich innerlich komplett aus. Endlich hatte ich dich gefunden! Endlich hatte das Internet dich ausgespuckt.«

»Und ich so: Was? Welcher Paolo? Ich hatte jahrelang nicht mehr an dich gedacht. Aber als ich einige Minuten später begriff, wer mir da geschrieben hat, explodierte mein Puls. *Der* Paolo! Ich glaube, ich wählte noch im selben Moment die Nummer, die du dazugeschrieben hattest.«

»Ich weiß noch, wie ich in der Küche eines Freundes stand, als du anriefst, und wir plauderten so vertraut, als wäre alles erst gestern gewesen. Und plötzlich sagtest du: ›So, ich muss jetzt mal die Kinder ins Bett bringen.‹ Ich brach komplett zusammen, musste mich erst mal hinsetzen. Dass du in der Zwischenzeit Mutter geworden sein könntest, hatte ich mir nicht vorgestellt.«

»Was hattest du denn gedacht? Dass ich all die Zeit nichts Besseres zu tun hatte, als auf dich zu warten?«

Er grinst und kneift mir in die Wange. »Ich dachte halt, wir können da weitermachen, wo wir aufgehört hatten.«

Nach ein bisschen Rumgewühle auf dem Tisch findet er einen Tagebucheintrag, der einige Tage nach unserem Telefonat entstanden ist.

Also habe ich mich heute mit Katja getroffen. Schon während unseres kurzen Telefonats am Donnerstag habe ich ihre Nähe gespürt, also hatte ich das damals doch richtig eingeordnet. Sie erzählte mir dann auch, dass ich ihr unglaublich das Herz gebrochen hätte, da ich der Erste war, der sie hatte abblitzen lassen. Dadurch hatte sie alles, was mit mir zu tun gehabt hatte, verdrängt und vergessen.

Warum ist ihr Schmerz noch aktuell?
Ich hatte mich damals wegen ihrer Unsensibilität zurückgezogen. Ist das, sind wir heute anders?
Ist das Gefühl tiefer Verbundenheit lediglich das Ergebnis von Projektion? Warum ist es dann bei ihr auch sofort da?

Sie ist offen und zugänglich, ich habe damals ihre Verletzlichkeit nicht erkannt. Sie ist so zart und vorsichtig, kann sich aber der Neugierde und der Zuneigung nicht entziehen.
Zwölf Jahre lang war es eine romantische und schöne Idee, wieder mit Katja Kontakt aufzunehmen. Und jetzt, wenn sie, verheiratet und Mutter von drei Kindern, mich um 22 Uhr einfach anruft und wir sprechen, dann habe ich fast ein bisschen Angst, ein Unwohlsein vor ihrem direkten Zugriff, den sie auf mich hat.
Zwölf Jahre lang konnte ich das nach meinen Regeln spielen, nun muss ich mich in der real gewordenen Situation mit ihrer komplexen Persönlichkeit auseinandersetzen.

Tja, es wird *immer* kompliziert, wenn Realität auf Erwartungen trifft. Und so war es dann ja auch. Es haute hinten und vorne nicht hin mit uns. Aber natürlich wussten wir das nicht bei unserem ersten Treffen nach all der Zeit, denn das Café, in dem wir saßen, brannte lichterloh und um uns herum zuckten Blitze. Unter Donnerrollen berührten sich unsere kleinen Finger auf dem Marmortischchen, an dem wir Platz genommen hatten, um uns zu betrinken. Wellen der Zuneigung trugen uns davon. Die Apokalypse war da. Das Himmelreich nahte. Später, als wir den Laden verließen, glaubte ich, in der Sonne zu erblinden. Doch als er mich küsste, zum Abschied, da ward ich wieder sehend. Lange stand ich noch auf der Straße und versuchte zu verstehen, was gerade geschehen war. Aber ich verstand es nicht. Alles, was ich wusste, war, dass ich wieder voll drin war. In uns. Und dass ich dringend mehr davon brauchte.

Wir trafen uns wieder. Und wieder. Und wieder. Geisterten durch die Stadt, knutschten in irgendwelchen Bars, kifften am Wasser, vollführten unzüchtige Handlungen in Hauseingängen ... Es war mir egal, dass er eine Freundin hatte – mein Mann saß schließlich auch zu Hause. Moralische Bedenken steckte ich mir sonstwo hin, sollten sie das doch unter sich ausmachen. Julius wusste immerhin, dass ich mich mit Paolo traf, *darauf* kam es mir an. Was ich aber damals nicht verstand, und was ich bis heute nicht so ganz durchdringe: Warum hatte Paolo mir geschrieben, obwohl er in einer monogamen Beziehung war? Es war doch klar, worauf ein Wiedersehen hinauslaufen würde.

»Ich war gerade dabei, mich aus der Beziehung zu lösen. Vielleicht hab ich dich ein bisschen dafür benutzt, als Flucht.« Paolo denkt nach, guckt in die Luft. »Vielleicht war es aber auch ganz anders. Vielleicht war ganz im Gegenteil alles andere in meinem Leben eine Flucht, bis ich *dich* wiederhatte.«

Mich vor Lachen schüttelnd schenke ich uns nach. Was Pathos angeht, ist er absolut unschlagbar. »So ein Blödsinn! Niemand konnte auch nur ahnen, dass das hier möglich sein würde eines Tages. Guck uns doch an, damals vor vier Jahren. Wie stümperhaft das alles war. Wie aufgeladen mit Erwartungen, an denen jedes, wirklich jedes Paar zerschellt wäre. Alles sollte perfekt sein. Und das, obwohl wir mit all den alten Verletzungen im Hintergrund überhaupt nicht in der Lage waren, uns wirklich aufeinander einzulassen.«

Er wollte mit mir durchbrennen, das sagte er ständig. Ich lachte jedes Mal nur darüber. Mit meiner Realität hatten seine Pläne nicht viel zu tun.

»Es war so enttäuschend, schon wieder nicht mit dir haben zu können, was ich eigentlich wollte, ja, die ganze Zeit, seit ich dich kannte, gewollt hatte«, sagt Paolo. »Dazu mischte sich das Misstrauen von damals, die Wut darüber, dass du – in meiner Vorstellung zumindest – beim ersten Mal alles kaputt gemacht hattest. Aber das kann ich erst jetzt sehen, mit all dem Abstand. Damals hatte ich einfach nur ein Unwohlsein mit uns, das in krassem Kontrast stand zu der Nähe, die ich zu dir empfand. Ich konnte das alles nicht einordnen. Und blieb lieber auf Distanz.«

Dabei wollte ich so gern etwas Richtiges mit ihm. Nach ein paar nichtssagenden Affären seit der Beziehungsöffnung mit Julius war er der Erste, an dem ich nicht gleich das Interesse verlor. Der Erste, von dem ich dachte, dass er bleiben könnte, neben Julius. Ich war meine Eroberungen satt, gelangweilt vom wiederholten An-der-Oberfläche-Kratzen. Was ich wollte, war Tiefe. Und ich wollte sie mit ihm.

»Das war nicht möglich damals, und das weißt du auch. Du warst überhaupt nicht in der Lage, dich so einzulassen wie jetzt. Warst komplett absorbiert von den Kindern, von deinem Beruf. Da war überhaupt kein Platz für mich. Oder jedenfalls nicht so viel davon, wie ich gebraucht hätte. Andererseits, vielleicht war ich auch einfach nicht bereit.« Und auch dazu hat er etwas aufgeschrieben. Von einem zerfledderten Blatt Papier liest er laut vor:

Vor drei Wochen hat Katja bei mir übernachtet. Meine Güte, was für eine von ihren eigenen Emotionen übertrieben Getriebene! Der Abend hat gut angefangen und ist recht schnell nach dem ersten Sex brutal gekippt, die Nacht war respektvoll, doch furchtbar. Ich glaube, für mich war es noch deutlich zu früh. Ich ertrage keine Erwartungen an mich, da bin ich noch ganz bei L. mit meinem Fokus. Vermutlich bin ich mal wieder einem Ideal hinterhergejagt, das ich selbst nicht erfüllen konnte.

Was war also geschehen nach dem ersten Sex? Paolo hatte uns Pasta gekocht, während ich mit einem Aperitif in der Hand auf dem Sofa lag. Und etwas sagte, was ich offensichtlich nicht hätte sagen dürfen. »Ich will dich in meinem Leben behalten«, lautete der Satz, der alles zum Einsturz brachte.

»Warum fordern ständig alle Verbindlichkeiten ein? Das Leben ist doch unberechenbar!«, entgegnete er. Ein empfindliches Thema, warfen ihm doch Frauen nur allzu gerne vor, sich nicht committen zu können. Zur Hölle mit seinem »Gefühl tiefer Verbundenheit«! Ab hier ging es nur noch bergab. Man konnte die Mauer zwischen uns förmlich hochfahren sehen. Unser Appetit versiegte, das Gespräch ebenso. Und Sex gab es auch keinen mehr. Leider war ich inzwischen zu betrunken, um nach Hause zu fahren. Wir erwachten noch vor Sonnenaufgang, ach was, erwachten! Ich hatte schon die halbe Nacht wach gelegen, unfähig, einfach das Feld zu räumen, erneut. Paolo behauptete, von Panikattacken heimgesucht worden zu sein. Zu nah, zu schnell, zu was weiß ich was. Hätte ich am Abend davor nur meine Klappe gehalten, hätten wir zusammen Kaffee trinken und uns dabei verliebt zublinzeln können. Stattdessen fiel, nachdem ich hastig meine Sachen zusammengesucht hatte, die Tür hinter mir ins Schloss, so schnell kannste gar nicht gucken. Morgengrau und zittrig stand ich auf der Straße, keine Ahnung, wohin mit mir. Es war aus und vorbei, einfach so. Ich begriff es einfach nicht: Wie konnte etwas, das so besonders angefangen hatte, derart brachial zu Ende gehen?

Ich kann die Kälte fast schon greifen, so real ist sie plötzlich. Alles in mir zieht sich zusammen, Flucht oder Verteidigung, Flucht oder Verteidigung? Automatisch rücke ich ein Stückchen von ihm ab in Richtung Tür. Doch er erkennt mich sofort, rückt nach, greift meine Hand.

»Was für ein trauriger Moment«, sagt er. »Hier, genau hier, wo wir jetzt gerade sitzen, ist das alles passiert. Unfassbar. Und weißt du, es lag vor allem daran, dass ich im Gegensatz zu dir in diesem Moment nicht ehrlich sein konnte. Ich hätte sagen sollen: ›Das würde ich mir auch wünschen, aber es gibt so viel Unsicherheit und Verletzung und Misstrauen, wir brauchen dafür Zeit.‹ Aber das, was überwog, war die Unsicherheit, und die habe ich versteckt, hinter Distanz und Grausamkeit.«

Ich nicke, kann seine Hand jetzt wieder nehmen. Er hatte recht damals: Das Leben ist unberechenbar. Wer hätte es der alten Furzkanone schon zugetraut, dass sie uns noch mal auf unsere alten Tage in Liebe zusammenbringen würde? Und dann gleich so?

Also ich definitiv nicht.

Früh am Morgen stehe ich an Paolos Küchenfenster – die Arbeitsplatte ist nicht mehr ganz so gründlich gewischt, seit ich öfter bei ihm bin –, gucke raus und trinke Kaffee. Auf der Straße geht jetzt schon die Post ab, Kinder rennen zur Schule, Werktätige eilen ans Werk. Auch er wird gleich ins Büro müssen, während ich in seinem Arbeitszimmer weiterschreibe. Er ist spät dran, hat seinen Aufbruch schon viel zu lange hinausgezögert. Erst hat er mich nicht aus dem Bett gelassen, seine Beine so um mich geschlungen, dass ich keine Chance hatte, aufzustehen. Dann, obwohl es schon viel zu spät war, rollte er unsere Sportmatten aus und rief: »Es ist doch Mittwoch! Bauch-Workout-Tag!« Später leckte er ausgiebig über meinen salzigen Rücken. Jetzt ist er im Bad.

Ich streiche mit dem Zeigefinger über den Rand seiner leeren Kaffeetasse, sammele Milchschaum von der Stelle, an der er getrunken hat, und führe ihn zum Mund. Ihn. Wie albern die Verliebten dieser Welt doch sind.

Mein Handy vibriert.

[21.12., 08:49] Paolo: Ich kann dich einfach nicht verlassen.

Okay, ich revidiere meine anfängliche Behauptung, er schreibt wohl doch Nachrichten beim Kacken. Jedenfalls nehme ich an, dass er das gerade tut, er ist nämlich schon vor einer ganzen Weile im Bad verschwunden.

[21.12., 08:50] Du kommst doch wieder zu mir zurück, später. Ich warte hier auf dich.

Plötzlich steht er hinter mir. Ich drehe mich um. Sein – mein geliebter – Jungenkörper ist nackt.

»Ich werde immer zu dir zurückkommen«, sagt er. »Das habe ich bisher jedes Mal gemacht. Manchmal hat es ein bisschen gedauert. Aber ich bin immer zu dir zurückgekommen. Und so wird es immer sein.«

Die Zukunft wird es zeigen.

Wir haben es aller Realität zum Trotz geschafft, aus etwas Altem etwas Neues zu machen und unsere Verletzungen durch Nähe zu heilen. Und doch können wir beide nicht wissen, ob unsere Liebe in ihrer jetzigen Form nicht eines Tages in etwas anderes mündet – oder vielleicht sogar schon bald. Ob ich Paolo demnächst unwiederbringlich »Ex« nenne. Oder Julius. Oder sogar beide.

Es scheint leicht, sich aus einer langen Beziehung, wie ich sie mit Julius habe, davonreißen zu lassen in etwas Neues, Aufregenderes. Und doch so schwer, weil ich um den Wert des Alten weiß, um seinen Platz in meinem Leben, um unsere Liebe. Und sehen wir den Tatsachen ins Gesicht: Jedes Neue wird irgendwann zum Alten werden. Und wir werden damit umgehen müssen. Beziehungspartner:innen auszutauschen, weil jemand anderes besser zu den eigenen Bedürfnissen passt, kann man mit Fug und Recht als »schnelllebig« und »unsicher« bezeichnen, als Symptom einer Kultur, in der sich jede:r selbst der:die Nächste ist. Doch gleichzeitig können wir uns glücklich schätzen, dass wir im Gegensatz zu noch vor wenigen Jahrzehnten aus einer Beziehung gehen dürfen, ohne objektive Gründe wie Betrug, Missbrauch, Gewalt oder Alkoholismus anführen zu müssen, einfach nur, weil wir es wollen. Weil es sich richtig anfühlt.

Ich stehe noch eine Weile am Fenster, auch als Paolo schon längst aufgebrochen ist, und gucke raus. Die Omis, die sich ein Kissen für ihre Ellenbogen auf die Fensterbank legen, damit sie chilliger das Straßentreiben beobachten können, spielen in meinem Team. Damit kann man locker den halben Tag rumbringen, schont auch das

Herz. Apropos Herz, ich muss mal wieder dringend Manni anrufen, nicht, dass ich schon wieder einen Herzinfarkt verpasse oder so. Der Gedanke an die Endlichkeit des Lebens erwischt mich wie jedes Mal mit voller Wucht. Und doch bin ich voll von Zärtlichkeit für ihn. Denn schließlich war er es, der mich überhaupt auf diese Reise geschickt hat. Der mich hat mehr von der Liebe wollen lassen, als von einer Katastrophe in die nächste zu stolpern. Der mich gezwungen hat, radikal ehrlich zu mir selbst zu sein. Nein, der Endlichkeit kann man nicht viel vorwerfen, da müssen wir vor unserer eigenen Türe kehren. Haben wir uns selbst und den Menschen, die wir lieben, ein gutes Leben bereitet in der Zeit, die wir hatten? Das ist die Frage, die wir uns stellen müssen. Und die Verantwortung, vor der wir stehen. Eine Verantwortung, die nicht ohne Verletzungen auskommt. Ich werde mich bald entscheiden müssen, das spüre ich genau. Doch im Gegensatz zu früher weiß ich, dass ich diese Entscheidung mit Sorgfalt und Liebe treffen werde. Und dass von Verlassenwerden nicht die Rede sein wird, sondern von Veränderung. So, wie es immer sein sollte.

Und auch wenn das hier klingt, als seien wir schon am Ende angekommen: Wartet! Einen hab ich noch für euch.

X

Nummer 10

Ich hatte ja geahnt, dass das früher oder später passieren würde. Wär auch einfach zu schön gewesen, wenn immer alle brav Ja gesagt hätten. »Natürlich spreche ich mit dir über alles, Katja! Scheißegal, dass wir uns gegenseitig das Herz rausgerissen haben, Katja! Komm, lass uns noch mal ein bisschen darin suhlen, wie das genau war, Katja!« So in etwa hatte ich mir die Reise zu meinen vergangenen Lieben jedenfalls theoretisch vorgestellt. Und sogar mit Johnny hatte es letzten Endes noch ein Gespräch gegeben. Aber nun sagt tatsächlich jemand Nein. Und zwar ganz kategorisch. Weder will er mit mir über unsere Beziehung sprechen, noch irgendetwas über sich lesen.

»Aber du schaust doch vorher noch mal drüber. Und wenn du mit etwas nicht einverstanden bist, ändere ich das selbstverständlich. Niemand wird dich erkennen, wenn du das nicht willst«, versuche ich, ihn zu überreden. Aber die Antwort bleibt Nein, und das muss ich natürlich gelten lassen. Ich bin es gewöhnt, meine innersten Prozesse nach außen zu kehren, andere behalten sie lieber für sich. Es fällt mir schwer, das zu akzeptieren, aber: Manche Dinge lassen sich eben nicht mehr klären. Oder vielleicht auch einfach *noch* nicht.

Aber weil eine gemeinsame Aufarbeitung nur über Begegnung funktioniert und weil meine Version der Geschehnisse alleine deshalb völlig witzlos wäre, mache ich an dieser Stelle etwas anderes. Ich schreibe auf, was ich in den Jahren, die ich in dieser zehnten wichtigen Beziehung verbracht habe – einer Beziehung übrigens, die ich mit Fug und Recht als die misslungenste in meiner ganzen Liebeshistorie bezeichnen kann –, lernen durfte. Was genau da misslungen ist, kann ich an dieser Stelle aus genannten Gründen natürlich nicht verraten, aber ich kann euch sagen: Es war eine Menge. Vielleicht sogar der größte Teil. Was an sich überhaupt nichts Schlimmes ist, wenn man wie ein erwachsener Mensch denkt und handelt: Man merkt, hier geht es nicht weiter, und verabschiedet sich höflich, aber bestimmt. Leider benahm ich mich alles andere als erwachsen. Immer wieder versuchte ich zu gehen, aber weil ich das nur mit halbem Herzen tat, bedeutete das in der Konsequenz: Ich blieb und blieb und blieb.

Das also sind meine – durchaus von Thomas Meyer inspirierten – Learnings. Mögen sie wenigstens zu irgendetwas gut gewesen sein!

1. Schlechte Beziehungen passieren den Besten.

Großer Gott, was hielt ich mich für aufgeklärt und reflektiert. Ich hatte einige monogame und nicht-monogame Beziehungen geführt, eine Psychoanalyse hinter mir und das Gefühl, über eine halbwegs anständige Menschenkenntnis zu verfügen. Da sollte ich doch merken, wenn ich mich geradewegs auf dem Highway in eine toxische Beziehungshölle befinde. Doch weit gefehlt. Und noch heute frage ich mich, wie ich derart blind für mich und mein Gegenüber sein konnte. Wie ich alle offensichtlichen Red Flags und Warnungen von Freund:innen und Familie ignorieren konnte. Nein, Nummer 10 war nicht schuld, genauso wenig wie ich unschuldig war. Ich glaube nicht an »Täter:innen« und »Opfer« in der Liebe, sondern an Systeme, die beide Parteien aus eigener, oft unbewusster Motivation heraus mittragen. Die meisten Menschen wissen nicht genau, warum sie sich schlecht behandeln lassen, genauso wenig wie die, die sie schlecht behandeln, mit Sicherheit sagen können, warum sie das tun. Und selbst wenn sie es wüssten, hieße das nicht unbedingt, dass sie in der Lage wären, dieser Erkenntnis auch Taten folgen zu lassen. Nummer 10 und ich jedenfalls haben beide unseren Teil dazu beigetragen, dass die Dinge sich entwickelt haben, wie sie es nun einmal taten. Der:die Bösewicht:in, das waren wir beide. Je länger wir zusammen waren, desto hässlicher wurden wir. Aber je schlimmer die Streitereien, desto leidenschaftlicher die Versöhnung – desto größer die Hoffnung auf Erlösung (ihr erinnert euch, das hatten wir auch schon bei Max). Wer sich je in so einer Spirale befunden hat, weiß, wie schwer es ist, den Weg aus ihr hinauszufinden. Wie ein Junkie geifern wir auf den nächsten Schuss, unfähig zu begreifen, dass wir schon lange nicht mehr frei, sondern süchtig sind. Und dass das, was wir tun, alles andere als gesund ist. Statt uns also Vorwürfe dafür zu machen, wie dumm wir waren oder vielleicht sogar immer noch sind, sollten wir uns in unserer Unfähigkeit, klar zu denken, umarmen. Ja, dieses kleine Häuflein Elend, das sind wir. Aber das müssen wir nicht bleiben.

2. Unser Bauchgefühl lügt nicht.

Nennt es Bauchgefühl, nennt es Intuition: Tief in unserem Inneren wissen wir ziemlich genau, was da zwischen uns und der anderen Person abgeht. Ob sie zu uns passt oder nicht. Ob wir uns wohlfühlen in dieser Beziehung. Ob wir in ihr der Mensch sind, der wir sein möchten. In der Beziehung mit Nummer 10 beschlich mich die Ahnung, dass das mit uns auf Dauer nicht funktionieren würde, ziemlich schnell. Nun ja, wenn ich ganz ehrlich bin: Ich wusste es in der Sekunde unseres Kennenlernens. Dennoch fand ich immer wieder Gründe, dazubleiben. Entschuldigungen für Dinge, die ich eigentlich nicht tolerieren wollte. Hoffnung, dass sich doch noch etwas ändern würde, bei ihm, bei mir, in unserem Zusammenspiel. Der Zweifel an unserer Beziehung lief permanent neben uns her, doch ich gab alles, um ihn zum Schweigen zu bringen. »Gib Ruhe! Das wird schon noch«, fuhr ich ihm über den Mund. Oder wie Dr. Kauz sagen würde: »Andere Kräfte in Ihnen waren stärker.« Wir alle tragen Anteile in uns, die in destruktiven Mustern agieren wollen, einfach weil sie es nicht anders kennen und können. Weil sie so geprägt worden sind in Kindheit und Jugend, weil sie Verletzungen erfahren haben, die nicht verwunden worden sind. Doch darunter gibt es etwas anderes in uns. Etwas, das ziemlich genau weiß, wie wir leben und lieben wollen. Was gut für uns ist und was uns schadet. Die meisten von uns sind dazu erzogen worden, dieser Stimme zu misstrauen, und stattdessen andere für uns entscheiden zu lassen. Wenn wir die Beziehung führen wollen, die zu uns passt, müssen wir wieder lernen, uns selbst zuzuhören.

3. Nein, es wird nicht besser.

Je verletzender es zwischen Nummer 10 und mir wurde, desto mehr klammerte ich mich an eine zukünftige, strahlende Version von uns, die wir hätten werden können, wenn wir uns nur noch mehr angestrengt hätten. Nichts gegen, verzeiht mir dieses unansehnliche Wort, Beziehungsarbeit – sie gehört zu jeder zwischenmenschlichen Verbindung, die wachsen und gedeihen soll. Aber das, was wir voneinander erwartet haben, war, völlig andere Menschen zu werden. Und dagegen haben wir uns, jede:r für sich, natürlich völlig zu Recht gesträubt. Entweder wir wollen eine Beziehung mit dem Menschen führen, den wir vor uns haben, und zwar so, wie er heute ist, oder wir sollten es lassen. Sich in jemandes Potenzial zu verlieben, ist so verdammt einfach. Mit der lausigen Realität klarkommen zu müssen, dann umso deprimierender. Weder können wir jemanden retten noch ihn:sie durch unsere Liebe zu einem besseren Menschen machen. Verbietet euch also jeden Gedanken an eine ideale Zukunft. Wenn es gleich zu Beginn nicht läuft, wird es auch später nicht laufen. Menschen ändern sich in der Regel nicht – erst recht nicht unter Zwang und schon gar nicht so schnell, wie ihr es bräuchtet, um noch miteinander glücklich zu werden, bevor ihr der Verzweiflung anheimfallt. Daran hat niemand Schuld. Ihr passt einfach nicht zusammen, so, wie ihr in diesem Moment seid. Ist dieser Gedanke nicht unglaublich entlastend?

4. Liebe tut nicht weh.

Keine Frage, in jeder Verbindung gilt es Phasen durchzustehen, die uns mehr abverlangen, als wir glauben, aushalten zu können. In denen wir Verletzungen aushalten müssen, Stütze sein und Trost oder einfach nur die Kraft, die unsere Liebe vor dem Auseinanderfallen rettet. Diese Momente gehören dazu, mit ihnen müssen wir jederzeit rechnen, egal, wie leicht alles begonnen hat, und wenn wir nicht in der Lage sind, sie auszuhalten, werden wir keine dauerhafte Beziehung führen können. Wichtig ist aber die Summe aller Teile. Denn sollte sich unsere Beziehung in einen Käfig aus Schmerz und Verzweiflung verwandeln, der uns dauerhaft all unsere Energie und Lebensfreude raubt, dann läuft da eine ganze Menge falsch. Im Grunde genommen sogar alles. Nachdem Nummer 10 und ich uns endlich getrennt hatten, war es, als sei meine eigene Kraft wieder zurückgekehrt, nachdem ich mich innerlich bis zum Erbrechen an dieser Beziehung abgearbeitet hatte. Liebe ist kein Dauerschmerz. Sie nimmt nicht mehr, als sie gibt.

5. Es ist erst vorbei, wenn es vorbei ist.

Meine Familie rollte schon lange mit den Augen, meine Freund:innen winkten nur noch ab, sobald das Gespräch auf ihn kam – und das tat es oft, weil meine Gedanken sich bedauerlicherweise um nichts anderes mehr als unsere Unmöglichkeit drehten. »Geh doch endlich! Das ist ja nicht zum Aushalten«, sagten sie alle. Aber ich konnte nicht. Und damit war ich nicht allein: Wir alle haben diese:n eine:n Freund:in, der:die einfach nicht loskommt von seiner:ihrem Partner:in, obwohl für alle Außenstehenden längst ersichtlich ist, dass er:sie ihm:ihr nichts bringt außer Tod und Verderben, doch er:sie bleibt absolut beratungsresistent. Genauso jemand war ich auch. Und wisst ihr, warum? Ich war noch nicht fertig mit ihm. Die Sache war nicht abgeschlossen. Manchmal müssen wir einfach noch ein Stückchen tiefer sinken als uns guttut, um wieder aufstehen zu können. Den finalen Dolchstoß einer Beziehung kann niemand anderes für uns proklamieren, wir müssen ihn am eigenen Leib spüren. Nur dann sind wir in der Lage, ohne Reue zu gehen. Und zwar endgültig.

Und an dieser Stelle wird mir bewusst, dass ich seine Telefonnummer schon seit Monaten nicht mehr wählen wollte.

Ich habe es geschafft, wirklich und wahrhaftig, und ich habe es nicht mal bemerkt.

Im Nachhinein

Im Nachhinein ist man immer schlauer. Sagt man zumindest so. Und auch wenn die Liebe mir nach wie vor einen Haufen Rätsel aufwirft, die ich vermutlich nie werde entschlüsseln können, kann ich nach meinem Roadtrip in die Vergangenheit kaum glauben, was ich alles über Beziehungen, aber vor allem über mich selbst gelernt habe. Das hier war besser als jede Therapie (nichts für ungut, Dr. Kauz, Sie haben mir trotzdem sehr geholfen), besser als jedes Buch, das ich zu diesem Thema gelesen habe (auch wenn Lesen natürlich trotzdem dufte ist), und ja, ich bin besser geworden. Das, was so tief in mir klingt, ist die unmittelbare Erfahrung, mich den Menschen gestellt zu haben, die ich einst verletzt habe und die mich verletzt haben. Uns gemeinsam unserer Geschichte zuzuwenden und sie liebevoll zu betrachten, so, wie wir es schon immer hätten tun sollen. Natürlich war das nicht mit allen genauso möglich, wie ich mir das gewünscht hatte, und manche ließen mich völlig ratlos zurück, aber die zarten Pflänzchen der Freund:innenschaft, die ich seither mit einigen meiner Ex pflege, entschädigen mich dafür mehr als üppig. Wir alle haben aufgeatmet, nachdem wir unsere Beziehung noch mal durchgekaut hatten, egal, wie lange sie zurücklag, egal, wie unspektakulär oder verfahren sie uns erschienen war. Wir alle fühlten wieder Wohlwollen füreinander.

Ihr habt mich nun durch zwanzig Jahre und das letzte halbe Jahr meines Beziehungschaos begleitet, dem alten und dem neuen. Ich will gar nicht wissen, wie oft ihr »Wie bescheuert kann man eigentlich sein?« gedacht habt (ich hab das zugegebenermaßen jedenfalls ganz schön oft getan). Echt, ich hätte euch gern eine bessere Geschichte erzählt. Eine mit stringenter Storyline, eindeutiger Lernkurve und natürlich einem ordentlichen Happy End, nicht diesem Keine-Ahnung-wie-es-weitergeht-mal-gucken-ciao. Aber was ich euch stattdessen erzählt habe, ist echtes Leben. Und das besteht nun mal aus Vor-und-zurück, aus Peinlichkeiten, Mängeln, Krisen. Die meisten von uns behalten sie lieber für sich, und das ist völlig in Ordnung. Ich hab mich hier aber mal wieder komplett ausgezogen und stehe nun nackt vor euch, so wie Gott mich schuf. Fehlerhaft. Aber willens zu lernen. Und genau so gehe ich weiter.

Meine Learnings waren eure Learnings, da bin ich mir sicher, ich brauche hier nichts zu wiederholen. Und trotzdem gibt es etwas, das es noch zu sagen gibt, die Quintessenz gewissermaßen, die ich aus dieser Sache hier mit rausnehme: Ja, wir neigen zwar dazu, immer wieder die gleichen Fehler zu machen. Aber wir sind ebenso in der Lage, unsere Muster zu verändern. Wenn wir sie uns nur bewusst genug machen und ihnen nicht das Feld überlassen. Es liegt ganz an uns. Ein wichtiger Schritt dahin ist, die eigene Vergangenheit zu verstehen.

Also zieht los, macht eure Listen, springt in eure schlimmen und tollen Vergangenheiten, lasst keine Winkel im Dunkeln vor sich hinschlummern und die Chance verstreichen, eine Menge zu lernen.

Ruft eure Ex an! Ihr könnt nur gewinnen.

Danke

Meinem Agenten Marcel Hartges, dass Du in allen Lebenslagen an meiner Seite und bei jeder Schnapsidee dabei bist.

Meiner Lektorin Tanja Rauch, dass sich das Arbeiten mit Dir so anfühlt wie die Nacht mit einer alten Freundin durchzuquatschen.

Meinem Therapeuten Dr. T., dass Sie mir geholfen haben, Licht auf meine dunklen Stellen zu bringen. Ich kann's nicht oft genug sagen: Was täte ich nur ohne Sie?

André, Catrin, Mirko und überhaupt allen, die unversehens Teil dieser Geschichte geworden sind, dass sich unsere Wege in diesem Chaos von Welt gekreuzt haben.

Sabrina, dass du trotz meines miesen Moves meine Freundin geblieben bist.

Felix, Johnny, Zoran, Paolo, Max, Vanja, Heinrich, Julius und Frederik (die natürlich alle anders heißen), dass Ihr Euch darauf eingelassen habt, unsere Vergangenheit auszugraben und auszuhalten. Ich hab so irre viel mit Euch gelernt.

Den Männern, die nicht in diesem Buch vorkommen und mir dennoch was bedeuteten, dass wir ein kurzes Stückchen Leben teilen konnten. Ihr wisst schon, wer gemeint ist.

Marcel, dass Du mir Muse und Komplize bist, zuweilen sogar Schriftstellergattin. Was für ein Glück ich habe.

Christian für all Deine Liebe.

Literaturverzeichnis

hooks, bell: *Lieben lernen. Alles über Verbundenheit.* HarperCollins, 2022.

Blümner, Heike und Ewert, Laura: *Schluss jetzt. Von der Freiheit, sich zu trennen.* hanserblau, 2019.

Illouz, Eva: *Warum Liebe endet.* Suhrkamp, 2018.

Kurt, Şeyda *Radikale Zärtlichkeit. Warum Liebe politisch ist.* HarperCollins, 2021.

Levine, Amir und Heller, Rachel S. F.: *Warum wir uns immer in den Falschen verlieben. Beziehungstypen und ihre Bedeutung für unsere Partnerschaft.* Goldmann, 2015.

Meyer, Thomas: *Trennt euch!* Salis, 2017.

Perel, Esther: *Was Liebe braucht. Das Geheimnis des Begehrens in festen Beziehungen.* HarperCollins, 2020.

Stahl, Stefanie: *Jeder ist beziehungsfähig. Der goldene Weg zwischen Freiheit und Nähe.* Kailash, 2017.

Woodward Thomas, Katherine: *Lass uns in Frieden auseinandergehen. Wenn die Liebe endet … Die 5 Schritte des »Conscious Uncoupling«*, Integral, 2016.

Das bei der Produktion dieses Buches entstandene CO_2 wurde durch die Finanzierung von Klimaschutzprojekten kompensiert: climate-id.com/17531-2110-1001/de

Oktober 2023
DuMont Buchverlag, Köln

Umschlaggestaltung: Lübbeke Naumann Thoben, Köln
Umschlagabbildung: © Manuela Clemens
Foto der Autorin und ihres Partners: © Manuela Clemens
Satz: Fagott, Ffm
Gesetzt aus der Dante
Druck und Verarbeitung: CPI books GmbH, Leck
Gedruckt auf säurefreiem und chlorfrei gebleichtem Papier
Printed in Germany
ISBN 978-3-8321-6712-7

www.dumont-buchverlag.de